Wojciech Czaja

Hektopolis

Ein Reiseführer in hundert Städte

KONNEX Edition Korrespondenzen

Vorwort

Einmal im Monat, an einem Samstag oder Sonntag, haben wir uns ins Auto gesetzt, ich war damals sieben oder acht, und sind einfach drauf losgefahren. Mein Vater am Lenkrad, meine Mutter am Beifahrersitz, ich ständig auf der Rückbank hin- und hergleitend, Ausschau haltend nach der nächstbesten Chance am Horizont. Es war ein alter, oranger Ford Taunus, der mit Freunden repariert und in Polen lackiert worden war, und einmal im Monat, an diesem Samstag oder Sonntag, verwandelte sich die alte Schüssel mit dem Wiener Kennzeichen W 674.781 (ich habe die Ziffernfolge nie wieder vergessen) in meine ganz persönliche Kommandozentrale. Die Spielregeln waren denkbar einfach. Den ganzen Tag lang durfte ich uns dirigieren: links, rechts, geradeaus, zurück und stopp. Den ganzen Tag lang hat der Fahrer den Befehlen ohne Widerrede Folge geleistet.

Und so landeten wir nach vielen Stunden Fahrt mal in Zwettl, mal irgendwo in den Bergen, wo der erste Schnee schon gefallen war, mal nach etlichen Umwegen am Stadtrand von Wien, wo ich zum ersten Mal im Leben die Wotrubakirche gesehen und im selben Moment beschlossen habe, wenn ich groß bin, doch nicht Autodesigner, sondern Architekt zu werden. Am Ende des Tages hat mein Vater das Steuer wieder übernommen und uns auf direktem Wege nach Hause gefahren.

Manchmal aber war es schon dunkel und der Weg zu weit. Für diesen Fall hatten wir immer eine kleine Tasche mit Zahnpasta, Zahnbürsten und frischer Unterwäsche dabei. So wie damals, als ich uns nach Linz, nach Villach, nach Zell am See, 300 Kilometer Luftlinie von Wien entfernt, gebracht habe, wo wir uns mit einem Eis auf die Esplanade gesetzt und auf den See hinausgeschaut haben. Die Reiselust war geweckt, das Feuer entfacht. Es soll nicht mein letzter Besuch in Zell gewesen sein. Aber ja, im Laufe der Zeit ändern sich die Städte, und mit ihnen die Lebenswelten, in denen wir uns bewegen.

55 Prozent der Weltbevölkerung, also mehr als vier Milliarden Menschen, leben heute bereits in Städten. Und der Anteil wird immer größer. Bis 2050, so die Prognosen, wird sich das Verhältnis zwischen Stadt- und Landmenschen auf 66,6 zu 33,3 Prozent verschoben haben. Die Gründe für ein urbanes Leben sind so vielfältig wie das Leben selbst und reichen vom Wunsch nach kultureller, wirtschaftlicher und infrastruktureller Dichte über die Sehnsucht nach Anonymität, Sozialisation und Selbstverwirklichung, bis hin zu unrealistischen, schier unerfüllbaren Fantasien – oft in Verbindung mit Landflucht und ganz persönlichen Existenzängsten, die auf den Kosmos Stadt projiziert werden. Mit den steigenden Hoffnungen nehmen auch die Anforderungen zu.

Erstens: Die Stadt muss funktionieren. »Man darf in einer Stadt, wo kein Arzt ist, nicht wohnen«, warnt schon der Talmud, Yerushalmi Qiddushin 26. »Ich verlange von einer Stadt, in der ich leben soll, Asphalt, Straßenspülung, Haustorschlüssel, Luftheizung und Warmwasserleitung. Gemütlich bin ich selbst«, meinte Karl Kraus. Und der britisch-amerikanische Stadtsoziologie Richard Sennett sagte einmal in einem Telefoninterview, im wahrscheinlich längsten Telefonat meines Lebens: »London ist eine sehr teure, aber dafür weltoffene Stadt, die vielen Menschen eine entsprechende Lebensnische bieten kann. Was ich allerdings nicht verstehe: In ganz London gibt es exakt zwei Krankenhäuser, die in der Lage sind, Knochenerkrankungen zu behandeln. Das muss man sich einmal vorstellen: Zwei Krankenhäuser für mehr als zehn Millionen Menschen! Alte und gebrechliche Personen müssen regelmäßig ein bis zwei Stunden im Bus sitzen, um ins Spital zu fahren. Das ist nicht fair. Eine Stadt der Gerechtigkeit sieht anders aus.«

Zweitens: Die Stadt muss Chaos und Koexistenz zulassen. »Die Stadt ist die Multiplikation von Möglichkeiten«, hat die kanadische Stadtforscherin Jane Jacobs gesagt. Die Autorin der weltbekannt gewordenen Bücher *The Death and Life of Great American Cities* (1961) und *The Economy of Cities* (1970) hat sich ein Leben lang für die Durchmischung des Städtischen, für die Zurverfügungstellung der Stadt für jeden einzelnen Nutzer, für jede einzelne Bewohnerin eingesetzt – und festgestellt: »Städte haben die Fähigkeit, jedem etwas zu bieten, aber nur weil und nur dann, wenn sie auch wirklich von allen gemeinsam geschaffen werden. Diese lebhaften, vielfältigen, intensiven Städte enthalten den Samen ihrer eigenen Regeneration und darüber hinaus genug Energie, um auch etwaige Probleme und Bedürfnisse außerhalb der Stadt mitzutragen.«

Und drittens: Die Stadt muss einzigartig sein, sie muss unverwechselbar sein und sie muss in der Lage sein, uns Menschen mit ihrem Wesen zu verzaubern. Aus der glücklichen Fügung schöpfend, schon einige Hundert Städte bereist und kennengelernt zu haben, werde ich den Verdacht nicht los, dass diese feinstoffliche, nur schwer in Worte zu fassende Qualität das wahrscheinlich wichtigste Kriterium für Stadt ist. Wie sonst kann man sich erklären, dass wir uns in Jacques Tatis Großstadt-Satire *Playtime* (1967) jedes Mal köstlich amüsieren, wenn im Hintergrund die graugrauen Einheitshäuser auftauchen oder Monsieur Hulot sich in der 40. Minute in ein Reisebüro verirrt, umzingelt von den immergleichen Plakaten, von den immergleichen Stadtkulissen von London, Stockholm, Mexiko, Tokio und Hawaii? Es ist die Angst, es ist die Scham, es ist die Kenntnis über die Zerstörungskraft der Moderne, die uns ein verlegenes Lächeln entlockt und uns hoffen lässt, dass diese Homogenität niemals eintreten wird.

Genau dieser Qualität ist das Buch *Hektopolis* gewidmet. Es ist ein Reiseführer in hundert verschiedene Städte, die nicht unterschiedlicher sein könnten. Das Spektrum reicht von kleinen Städtchen am Rande der Welt, vielleicht sogar am Rande ihres eigenen Daseins, über uns allen bekannte Kultur- und Wirtschaftsmetropolen bis hin zu hektischen, chaotischen, längst schon aus allen Nähten platzenden Großstadt-Molochen mit zehn, zwanzig, dreißig Millionen Einwohnern.

Die in diesem Buch skizzierten Beobachtungen, Begegnungen und Erlebnisse sind Momentaufnahmen und haben keinerlei Anspruch auf Vollständigkeit. Sie sind subjektiv, persönlich und manchmal auch intim. Und trotzdem haben sie die Aufgabe, zwischen den Zeilen so etwas wie das Wesen, wie die Energie, wie das atmosphärische Stimmungsbild des jeweiligen Ortes zu transportieren. In diesem Sinne sind die hier zusammengetragenen Miniaturporträts und Anekdoten nicht zuletzt auch eine Liebeserklärung an die Unterschiedlichkeit der Welt – stellvertretend für das Ganze, das ohnehin niemals zu erfassen sein wird.

Alles in diesem Buch Erzählte hat sich wirklich zugetragen, die Orte und die handelnden Personen sind real, und ich bin dankbar für die unzähligen Zufälle, die mich durch die Welt getragen haben. Die Geschichten und Detailschilderungen basieren zum überwiegenden Teil auf Texten, Notizen, Skizzen, Fotografien und Audio-Aufnahmen. Die Dokumentationen meiner Reisen führen weit zurück und füllen bereits etliche Kisten und Notizblöcke. Manchmal aber war die Erinnerung meine einzige Stütze. In diesen Fällen sind die Dialoge nicht wortwörtlich wiedergegeben, sondern bestmöglich angenähert an das, was war.

Die Darstellung und Skizzierung der Städte bezieht sich stets auf den Zeitpunkt des Erlebten. Das Coca-Cola Museum in Atlanta ist mittlerweile an einen anderen Standort übersiedelt, im jüdisch-orthodoxen Williamsburg in New York wohnen heute Hipster und Artisten, das Capsule Inn Akihabara in Tokio wurde in der Zwischenzeit umgebaut, die Busroute 511 in Rio de Janeiro wurde vor den Olympischen Sommerspielen 2016 aufgelassen, und die mexikanische Stadt Juchitán de Zaragoza wurde im September 2017 von einem Erdbeben der Stärke 8,1 auf der Richter-Skala heimgesucht und zum Teil zerstört. Die Welt verändert sich, jeden Tag.

Auf dem Markt der tausend Höcker
Al Ain

- 👤 760 000
- 🕐 2 Tage
- 📍 Vereinigte Arabische Emirate

Ein Fauchen und Röcheln und Stöhnen, weit aufgerissenes Maul, hinausgestreckte, vibrierende Zunge. Hassan, der angeblich Schöne, will seinem Namen heute einfach nicht gerecht werden. Während ihn sein Besitzer mit aller Kraft vom Pick-up zu zerren versucht, stemmt sich Hassan, längst schon Schaum vorm Mund, gegen die Ladebordwand, rutscht mit den Hufen über die Ladefläche und zeigt dem Himmel sein Gebiss. Und dann ein Urschrei aus tiefster Kehle, schleudert dabei Speichel und Essensreste auf mein T-Shirt, was für ein Odeur!

»Das ist ein besonders Sturer«, sagt Abu Khalid. »Kamele tun ja prinzipiell nie das, was sie tun sollen, aber Hassan ist ein ganz spezieller Fall. Da hilft nur noch die Peitsche.« Holt aus. Und schnalzt. Der 52-jährige Sudanese arbeitet schon seit vielen Jahren am Mezyad-Kamelmarkt am nördlichen Stadtrand in Al Ain, nur wenige Schritte hinter der Bawadi Shopping Mall mit ihren Zaras, Gaps und H&Ms. Mit tausend Tieren, die hier Tag für Tag gehandelt und versteigert werden, darunter Lastenkamele, Milchtiere und Rennvieh, ist die Wüstenoase Al Ain die größte und wichtigste Tauschbörse der gesamten arabischen Halbinsel.

Hassan wird immer lauter, die Idee, den Pick-up über die bereits angelehnte Rampe zu verlassen, immer blöder, immer hirnrissiger. Fauchen, Stöhnen, Schnalzen. Nach ein paar Peitschenhieben wechselt Abu die Methode und lockt den Hübschen mit einem Bündel Gras. Und plötzlich, als wäre nichts gewesen, reckt Hassan stolz seinen Hals, zwinkert mit einer vornehmen Arroganz und begibt sich geschmeidigen Schritts und mit Wimpernschlag von Welt in eine der überdachten Boxen. Gittertor auf, Gittertor zu, die Leine bleibt dran. *Vertraue auf Allah, aber binde dein Kamel an*, besagt ein arabisches Sprichwort.

Sechs Uhr früh. Ein warmer, animalischer Geruch liegt in der Luft. Mit Sonnenaufgang, unter Hahnengeschrei, verwandelt sich der Mezyad-Rennkamelmarkt in einen Fuhrpark aus weißem Blech und dunkel getönten Scheiben. Männer in frisch gestärkten Kandoras und Kufiyas auf dem Kopf entsteigen ihren Bentleys, Land Rovers und matt lackierten Porsche Cayennes. Gut 40 Interessenten sind heute gekommen. Die Auktion kann starten.

Jetzt wird geschrien, geflucht und gefuchtelt. Nach wenigen Minuten ist die Auktion auch schon wieder vorbei. Erst werden die Geldbündel gereicht, dann die Umarmungen. Die Leine wechselt die Hand. Hassan hat den erhofften Preis nicht ganz eingebracht. Abu nimmt es mit Gelassenheit. »Keine einfache Natur. Bin ich froh, dass ich den losgeworden bin!« Und dann löst sich das Kameldorotheum wieder auf.

Al Ain ist eine Wüstenoase mit Kreisverkehren und Kamelen. Der Weg zurück in die Innenstadt führt über unzählige Roundabouts, dreispurig und mit überdimensionalen Kaffeekannen-Skulpturen in der Mitte. Mit Vollgas, mit oft 80 km/h oder mehr, fahren die Emirati in den Kreiskessel hinein, teils mit einem Höckertier auf der Ladefläche, und gönnen dem Kamel ein Rennen im Stehen.

Drachensuche im Hause Goethe
Hangzhou

- 9,5 Millionen
- 2 Tage
- VR China

Im Westen, nicht weit von Hangzhou, hat Hong gesagt, liegt die Provinz Long Jing, und dort das Dörfchen Mei Jia Wu, die Wiege des Long Jing Cha, des sagenumwobenen, im Mondenschein gepflückten und sündhaft teuren Drachenbrunnentees, den man nicht nur trinkt, sondern essend zu sich nimmt, mit dem Trunk also genüsslich mitkaut, so jung und zart sind seine Blätter. Allein, mein Weg zum Drachenbrunnen ist ungewiss. Kein Plan, kein Reiseführer, kein Fünkchen Chinesisch im Gepäck. Mein einziger Kompass ist die Zuversicht. Im Hotel Goethe, *Gede Jiudian*, einem 35-stöckigen Glaspalast im Central Business District, soll die Hoffnung Gestalt annehmen. *Man reist ja nicht, um anzukommen, sondern um zu reisen*, hat der Namenspatron dieses Hauses gesagt. Ich ahne schon, das nimmt kein gutes Ende.

»Nin hao!« Nin hao! Excuse me, Sir, could you help me, please? I am looking for … Große Augen, ein leises Kichern, schon ist der Front Desk Manager von der Front verschwunden, holt den General Manager an seiner statt. »Nin hao!« Nin hao! Die Übergabe der Visitenkarte, eine freundliche Frage, auf Chinesisch, nach meinem Begehren. *Auch aus Steinen, die einem in den Weg gelegt werden, kann man Schönes bauen.* Gede. Und so schnappe ich mir ein Blatt Papier, skizziere eine Teekanne, ein paar kleine Blätter, einen Drachen, einen Brunnen, ein großes Fragezeichen, mache eine große Geste in die Luft, die Kontur des Reichs der Mitte nachzeichnend, und zucke dramatisch mit den Achseln. »Aaah! Long Jing!« Das Konzept ist aufgegangen. Hektik macht sich in der Hotellobby breit, es wird gerade etwas organisiert. *Und Freud und Wonne aus jeder Brust. O Erd, o Sonne! O Glück, o Lust!* Nach ein paar Minuten kommt der Kellner mit einem Kännchen heißen Drachenbrunnentees. Der Hotelmanager ist ganz verzückt. Sein ganzes Verzücken wird mich 230 Yuan, 27 Euro, kosten. *Jeder Trost ist niederträchtig, und Verzweiflung nur ist Pflicht.*

Besonders weit in den Westen schaffe ich es an diesem Tag nicht mehr, zumindest aber zum West Lake, zum Xi-Hu, zu jenem malerisch schönen See, der in der chinesischen Kunst seit dem neunten Jahrhundert schon bemalt und bedichtet wird. *Die Seebilder tauchen auf wie ein Gemälde, über dem flachen Spiegel Tausende Bienen schweben. Pinien am hügeligen Ufer stehen in tausend Schichten, und grüne Smaragde, in der Mitte wie eine Perle der Mond,* schreibt Bai Juyi, Tang-Dynastie, 820 nach Christus. Rundherum, als wären sie mit Fuchshaar an den Saum des Sees gepinselt, samtig weiche Brücken, Dämme und Pagoden. In einem der Seepavillons, Lotusblumen und Karpfen, *hinter dem Hügeltempel das Mondlicht, auf der Suche nach blühenden Knospen, im großen Pavillon, der Kopf im Schoß, eine plätschernde Welle,* sitzen verliebte Pärchen, eng umschlungen, und geben sich dem nächtlichen Spiel hin. Andere scheinen noch auf der Suche zu sein, nach mal kostenlosen, mal kostspieligen Küssen. »Nin hao, sweetie! May I give you a hand, Mister Sexy?«, fragt mich eine unbezahlbar schöne Frau, an einer Säule lehnend, in perfektem Englisch. Meine Chance! Well, yes … I do have a quite unusual request, though. Do you know Long Jing?

Der Zeit auf den Zahn fühlen
Kandy

- 👤 125 000
- 🕐 2 Tage
- 📍 Sri Lanka

Der weiße Kolonialbau in der D. S. Senanayake Veediya, direkt am Bogambara Lake, am sogenannten Milchsee, der wie ein großer Goldfischteich mitten in der Stadt liegt, ist die erste Adresse in Kandy. Das Haus rühmt sich damit, sogar schon Hermann Hesse beherbergt zu haben. Das Ambiente ist gediegen, dunkel gebeizt, an alte Zeiten erinnernd. Über der Bar hängt ein Schriftzug. Eine der Leuchtstoffröhren ist ausgefallen, macht aus dem kleinen *n* ein *r*, aus dem *Queen's Hotel* ein *Queer's Hotel*, aus dem Fünfsternpalais einen plötzlich fröhlichen Palast, der so manchen Gast, Smoking, Fliege, Abendkleid, das iPhone zücken lässt. Ich habe zur Feier des Augenblicks Gin and Tonic bestellt und habe Spaß.

Lamahewa Diyadahara Mahawatta, Hotelmanager und Reiseveranstalter, findet das gar nicht lustig. Für ihn ist Kandy, die ehemalige Königsstadt Sri Lankas, ein heiliger Ort im Herzen des Landes. Mindestens einmal im Leben, sagt Lama, so nennen ihn alle, müsse man als singhalesischer Buddhist hierherkommen, und zwar, nein, nicht wegen des Gin and Tonic, sondern wegen des Sri Dalada Maligawa, besser bekannt als Zahntempel. Im prachtvollen, orientalisch anmutenden Bau aus dem 17. Jahrhundert, ebenfalls direkt am milchigen See gelegen, wird eine hochverehrte Zahnreliquie Buddhas aufbewahrt, die nach dessen Tod aus der Asche geborgen

16

worden sein soll. So will es die Geschichte. Und nein, vergewissert Lama, noch unamüsierter als eben zuvor, es handelt es sich dabei nicht um einen Milchzahn.

Ich bin Kandy, dieser schrulligen, dieser zuckerlsüßen Stadt, deren Zufahrtsstraße A26 zweimal am Tag gesperrt werden muss, um den Wildelefanten die Passage über den verkehrsberuhigten Asphalt zu ermöglichen, vom ersten Moment an verfallen. Die Singhalesen nennen sie übrigens Maha Nuwara, die *Große Stadt*, aber wirklich groß ist hier nur der Bahiravakanda Buddha, der oben auf dem Berg sitzt. Und natürlich der große Tempel für den kleinen Nichtmilchzahn. Zur allabendlichen Puja um 18 Uhr wird der Schrein mit dem vergoldeten Reliquienbehältnis geöffnet, und jeden Abend aufs Neue füllt sich die heilige Stätte, die von Dutzenden (ja wirklich) Stoßzähnen umzingelt ist, mit Gläubigen, die die Möglichkeit nutzen, den Novizen Obst, Blumen und diverse Alltagsgegenstände zu spenden. Trotz des ohrenbetäubend lauten Flöten- und Trommelspiels der Mönche ist das einer der stillsten, einer der langsamsten Orte im ganzen Land.

Einer der zweitstillsten, zweitlangsamsten Orte ist die alte Kandy Railway Station. Bahnsteig 1 ist voller Menschen, sie warten auf den Zug, Intercity Express nach Colombo, der auf den wackeligen Schienen irgendwann mal anrollen sollte. Das sagt zumindest die Zeittabelle in der Halle, eine hölzerne Tafel mit Schildern zum Wechseln, mit weißen Ziffernblättern und schwarzen Zeigern, die man manuell in die gewünschte Position drehen kann. Der kurze Stundenzeiger steht genau zwischen der 4 und der 5. Der Minutenzeiger deutet auf die volle Stunde. *Die Zeit ist ein großer Lehrer*, hat Buddha gesagt. Und Kandy, irgendwie aus der Zeit gefallen, ist ihre frechste und aufmüpfigste Schülerin.

Pumuckl, Lindenstraße
München

- 1,5 Millionen
- 3 Wochen
- Deutschland

Perlenohrringe, Burberry-Schal, eine Handtasche von Michael Kors. Sie schaut immer wieder her, immer wieder weg. Lächelt zwar kurz, eiskalt und berechnend, aber dann schweift ihr Blick wieder hinaus ins spiegelnde Nichts. Es mieft. Alles ist matt. Ich hasse diese Farben. *Bitte zurückbleiben!* Viermal macht es Pieps, es rattert metallisch, und einmal macht es Bumm. Die Sitzbänke sind mit graublauem Kunstleder überzogen, die Seitenwände mit Holzlaminat verkleidet, gelb- und grünstichig, wie eine todkranke Eiche, die Türen weißlich-beige lackiert, so weißlich-beige wie dritte Zähne. *Nächster Halt: Forstenrieder Allee.* Sie schaut hinaus ins Nichts. Immer und immer wieder. Vielleicht geht es ihr ja so wie mir, vielleicht genießt auch sie die visuelle Abwesenheit der Stadt.

Als Kind habe ich immer von München geträumt, von Meister Eder und seinem rothaarigen Pumuckl. Ich wollte auch immer einen Pumuckl haben. *Pumuckl verschwindet, niemand ihn findet, weil es nicht gibt, was man nicht sieht.* Eines Tages, dachte ich mir, fahre ich nach München und suche nach Meister Eder. Der ist eh schon alt, wird bald sterben, dann braucht Pumuckl jemand Neuen, den er ärgern kann. *Gewürzmühlstraße 6.* Das Straßenschild war in einer der Folgen mal kurz zu lesen. Ich habe mir die Adresse auf einem kleinen Zettel aufgeschrieben und in meiner Schatzkiste versteckt. *Pumuckl neckt, Pumuckl versteckt, niemand was meckt.*

Und jetzt das. Statt Pumuckl sieht die ganze Stadt aus wie Lindenstraße. Alles ist beige und taubenblau, statt Kobold kobaltblau. *Nächster Halt: Obersendling.* Sogar die U-Bahn, die in jeder Stadt etwas mal erfrischend Futuristisches, mal historisch Verruchtes hat, sieht in München aus, als hätte der Oberbürgermeister im Photoshop die Farbsättigung auf 50 Prozent reduziert, als hätte er einen elfenbeinfarbenen Schleier über die Ebenen gelegt. *Goetheplatz.* Diese Stadt hat etwas so zutiefst Beklemmendes, und das liegt nicht nur an den fahlen Farben in den U-Bahn-Waggons, Typ A2.1, Waggonfabrik Josef Rathgeber, Baujahr 1972, und seiner Passagiere.

»München ist ein riesiges Dorf«, hat die ehemalige Münchner Stadtbaurätin Christiane Thalgott einmal in einem Interview gesagt. »Heute steht auf jeder grünen Wiese eine Kuh, und morgen schon ein Haus mit Wohnungen, die sich niemand leisten kann.« *Sendlinger Tor.* Ich muss an mein Hotel denken, Hotel Daheim, Schillerstraße 20, nicht weit von hier, ein Schimmelzimmer im dritten Stock, mit aufgeplatzten Wänden und aufgebogenen Bodenbrettern, 210 Euro pro Oktobernacht. *Überall Wasser, überall nasser, schrecklich viel Spasser. Wackeln die Wände, hat's mit dem Haus bald ein Ende.* Wenn München sich schon so seinen Gästen präsentiert, denke ich mir, wie brutal ist dann diese Stadt zu ihren Einwohnerinnen? *Odeonsplatz,* Hofgarten, eine der teuersten Adressen der Stadt. München ist ein aus der Bahn geratenes System, das auf Kosten seiner zu Marionetten verkommenden Menschen von seinem Oktoberfest und seinen überteuerten Immobilienmessen lebt. Die Frau mit den Perlenohrringen ist ausgestiegen. *Nächster Halt: Münchner Freiheit. Bitte zurückbleiben!*

Am Coca-Cola Square
Atlanta

- 👤 475 000
- 🕐 3 Tage
- 📍 Georgia, USA

There's a full moon hanging over Georgia, the Atlanta city skyline shining bright, just like a diamond in the night, singt Jewel Kilcher, Soft-Country-Stimme mit 25 Millionen verkauften Tonträgern, in lieblichen, pfirsichsüßen Worten. *Magnolia blooming on a honey suckle breeze, perfume fills the air from the sweet peach trees. There's nowhere that I'd rather be. I sure am glad you're here with me.* Ich sehe weder Magnolien, noch rieche ich auch nur einen einzigen Pfirsichbaum in dieser von Nord bis Süd komplett zubetonierten Downtown-Wüste.

Endlich ein bisschen Grün, ein bisschen Vogelgezwitscher, ein bisschen Blätterrauschen in dieser wohlig warmen Märzbrise. Ich liege auf einer Parkbank am Coca-Cola Square vor dem Coca-Cola Museum, Martin Luther King Junior Drive Southwest, auf der einen Seite Büsche, Bäume, Springbrunnen, auch hier kein Pfirsichbaum weit und breit, auf der anderen Seite das bedrohlich hohe Georgia State Capitol, unten betonfarben wie alles hier und oben vergoldet, *shining bright*, mit Blattgold aus Dahlonega, Lumpkin County.

Eine Frauenstimme dröhnt aus den Lautsprechern, bei Weitem nicht so süß wie die von Jewel. Und noch einmal. *Young man, red T-shirt, lying on a bench on Coca-Cola Square, please immediately sit up. Sit up now!* »Hey Man! Ich glaube, sie meint dich«, sagt ein junger Mann, zupft mich am Ärmel. »Du solltest dich lieber hinsetzen, sonst kriegst du noch Ärger. Das ist ein privater Platz, der gehört Coca-Cola. Mit dem Liegeverbot wollen die sich gegen all die Penner wappnen.« Ich setze mich hin, schaue den Typen an, schaue in den Himmel, versuche die Kameras und Lautsprecher zu finden, fühle mich für einen Moment, als hätte ich den Ort vergessen, als hätte ich jegliche Orientierung verloren.

Did you forget your fuckin' manners, I'm Bruce with Banners, singen die beiden Hip-Hopper Jermaine Dupri und Ludacris, der Tonfall wird rauer, in ihrem 2002 veröffentlichten Song *Welcome to Atlanta.* Ich werde nicht warm mit dieser Stadt, die im Bürgerkrieg abgebrannt ist und in den letzten Jahrzehnten als brutale Business-Maschine für CNN, UPS, Home Depot, Delta Air Lines und die Coca-Cola Company in Glas und Beton wieder neu aufgebaut wurde. Erfunden wurde Coca-Cola von John Stith Pemberton im Jahr 1886. Der Kriegsveteran und Pharmazeut braute mit Kolanüssen und Extrakten aus dem Cocastrauch einen Sirup als medizinisches Mittel gegen Müdigkeit, Kopfschmerzen und Depressionen. Mit Sodawasser gemischt wurde der Sirup damals für fünf Cent pro Glas verkauft. Coca-Cola hilft nicht gegen Kopfschmerzen und Depressionen, ganz im Gegenteil, es verursacht sie. Ich will weg von hier.

Ich fahre zurück ins Hotel, Shellmont Inn, 821 Piedmont Avenue, ein entzückend hübsches Haus im viktorianischen Stil, 1891 errichtet, mint- und erbsengrün gestrichen, elfenbeinfarbener Blumenstuck an der Fassade, knarrender Holzboden, ausgestopftes Wildschwein an der Wand, ein Kaminsims mit gerahmten Bildern, sperre mich in meinem Zimmer ein, Stofftapete, Blümchenbad, und stecke mir Jewels *Atlanta Song* ins Ohr. Das ist mein Südstaatenpfirsichbaumatlanta.

Kevin und Wang
Shenzhen

- 12,4 Millionen
- 4 Tage
- VR China

Huaqiangbei ist das Synonym für eine Stadt in der Stadt, für ein dichtes Netzwerk an Elektronikhändlern, die so eng beisammensitzen, dass man das Gefühl hat, man sei ein Elektron auf einer Leiterplatte, eingelötet und einlaminiert in einem Flachlanduniversum, eingesperrt in alle Ewigkeit. So wie dereinst Jeff Bridges alias Kevin Flynn im zweidimensional klaustrophobischen Disney-Digitalthriller *Tron* anno 1982. Ich war ein Kind damals. Ich wusste nicht, wie mir geschieht. Ich albträume heute noch davon.

Tron also. Da muss ich jetzt durch. Nach wenigen Schritten schon wird im Huaqiangbei Elektronic Market mein Orientierungssinn betäubt. Auf insgesamt zehn Etagen sitzen – verteilt auf mehrere Straßenblocks, verbunden über Brücken und Stege und abgeschottet von jedem Funken Tageslicht – 3 400 Elektronikhändler, eingepfercht in ihren oft nur ein paar Quadratmeter großen Kojen und Kajüten, zwischen Bergen von Telefonen, Kabeltrommeln und Tausenden von Transistoren. Die Gegenstände zu lesen und zu verstehen, ist, als wolle man Hakka, Mandarin und Kantonesisch dechiffrieren. Alles fühlt sich taub an.

Huaqiangbei ist der größte Elektronikmarkt der Welt. Die ganze Stadt ist den Bits und Bytes verfallen. Ein großer Teil aller weltweit verwendeten iPhones, Androids und Smartphone-Zubehöre, Originale und Plagiate, wird hier, im sogenannten Silicon Valley Chinas, gefertigt. Zu den wichtigsten Arbeitgebern der Sonderwirtschaftszone zählen Apple, Huawei und Foxconn, der größte Elektronikhersteller der Welt, der Bauteile für Sony, Nintendo und Hewlett Packard produziert. Kevin Flynn, wo bist du? Ich drücke auf Escape.

Shenzhen war einst ein kleines Fischerstädtchen mit 15 000 Einwohnern. Durch die Nähe zum damals noch britischen Hongkong hat sich die Stadt in nur 30 Jahren zu einem der größten Ballungsräume Asiens entwickelt. Die rasante Produktion und Reproduktion ist Shenzhen in die DNA geschrieben. In Dafen, zehn ewig lange U-Bahn-Stationen Richtung Nordosten, sitzt Wang Zhou in einem engen Gässchen, keine zwei Meter breit, und macht gerade, copy and paste, die letzten Pinselstriche an den glasigen Augen einer Renaissance-Kopie. Eine gelbe Dame, vielleicht eine Geistliche, in einem wallenden Samtkleid. Immerhin besser als all die Küsse, Schreie, Sonnenblumen.

Der 33-Jährige ist einer von rund 8 000 Malern und Künstlerinnen, die im Dafen Oil Painting Village leben und arbeiten und Kunstwerke am laufenden Band produzieren. Es ist acht Uhr abends, die letzten Touristen sind verschwunden. Wang hat sein Atelier auf dem Gehsteig, direkt an der Feuermauer, mit einem Rollladen versperrbar. Alles ist voll Farbe, es riecht nach Öl und Acryl. »Do you like? You choose. I have seven.« Und dann zückt er sein Tablet, tippt ein paar Han-Phonogramme hinein, hält mir das riesige Display entgegen. »When start of piece of art, I think with the artist's eyes. It is same same to make work one or seven copy. How much do you want to pay?« Hinter ihm hängt eine handgeschriebene Tafel an der Mauer: *Bilde Lehrling in Kopiermalerei aus.*

Am siebten Tage sollst du ruhen
Mejorada del Campo

- 23 000
- 4 Stunden
- Spanien

Justo Gallego Martínez trinkt Wasser mit Zucker, jeden Morgen, und das schon seit Jahrzehnten. Das ist gut gegen Muskelkater, sagt er. Und Muskelkater hat der autodidaktische Baumeister wahrlich schon viele überstanden. »Siehst du meine Hände? Das sind die Hände eines Arbeiters!« Justo, Blaumann und rote Kappe, nimmt einen Kübel voll Beton und füllt damit die vorbereitete Treppenkonstruktion vor dem Portal. Mit einer kleinen Schaufel schürft er den nassen Zement aus dem Behälter, lässt ihn zwischen die spiralförmige Bewehrung fallen, klopft mit der Hand etwas nach. Fertig.

»Nein, du wirst kein Porträtfoto von mir machen! Ich muss noch arbeiten, mir bleibt eh nicht mehr viel Zeit, bis ich sterbe, und da will man mich auch noch bei der Arbeit unterbrechen. Verdammt noch mal, immer diese nervigen Besucher!« Wo hat dieser Herr bloß so schimpfen gelernt? Mit 27 Jahren ist Justo Gallego Martínez in die Trappistenabtei Santa Mariá de Huerta im Norden des Landes eingetreten. Zehn Jahre später, sagt er, schickte ihn die heilige María aufgrund seiner Tuberkulosekrankheit, wenige Wochen vor Ablegung seines Ordensgelübdes, ins weltliche Exil.

Nach seiner überraschenden Genesung hat Justo beschlossen, sein gesamtes Hab und Gut zu verkaufen, die Grundstückserbschaft seiner Eltern anzutreten und an der Ecke Calle Santa Rosa und Calle Antonio Gaudí, keine 20 Kilometer östlich von Madrid, sein eigenes Gotteshaus zu errichten: *Templo Consagrado a la Madre de Dios, Nuestra Señora del Pilar.* In der Ära Franco noch durfte jeder bauen, der Grund und Geld hatte. »Die haben geglaubt, ich würde bald aufgeben. Einen Verrückten haben sie mich genannt! Und die Kinder warfen Steine nach mir. Heute sind diese Kinder Großeltern, und ich baue immer noch. Das ist mein Dank dafür, dass mich Gott am Leben ließ.«

Es gibt keine Baupläne und keine Baugenehmigungen, das Mauern und Betonieren hat sich der 92-Jährige selbst beigebracht, bei schwierigen und kräftezehrenden Arbeiten eilen ihm seine Neffen zu Hilfe. An manchen Tagen lockt die Kirchenbaustelle mit ihren 35 Meter hohen Kuppeln und Türmen, der das Museum of Modern Art in New York vor einigen Jahren sogar eine eigene Fotoausstellung gewidmet hat, bis zu tausend Besucher aus aller Welt. Die katholische Kirche hat ihm für den Mutter-Gottes-Tempel bis heute keinen einzigen Cent gezahlt. Auf der Website und in den Tourismusbroschüren der Stadtverwaltung von Mejorada del Campo wird der Bau mit keinem einzigen Wort erwähnt.

Ziegelschutt in den Mauern, zertrümmertes Fliesengut am Boden, mit der Schere zugeschnittetens Wellblech, Gartenschläuche, hellblaue Rostschutzfarbe, Hilfskonstruktionen mit Flaschenzügen aus Fahrrädern, Spindeln und Pedalen, der Mörtel quillt hervor, da und dort lugt nackter Stahl aus dem Beton, an manchen Stellen schon wandern meterlange Sprünge durchs Gemäuer. Justo arbeitet sechs Tage in der Woche, bis zu 15 Stunden am Tag. Am siebten Tage ruht er. »So wie der da oben. Aber am Montag muss ich mich wieder an die Arbeit machen, sonst wird die Kathedrale nie fertig.«

Mehr als Leben
Zürich

- 👤 410 000
- 🕐 3 Wochen
- 📍 Schweiz

Marco. »Komm rein! Und lass dich nicht irritieren von meinem Outfit! Ich war gerade skaten, aber meist lasse ich die Schuhe an, wenn ich nach Hause komme. Ist irgendwie praktischer.« Marco, 27 Jahre alt, gefühlte 2,10 Meter von der Rolle bis zur Tolle, gleitet geräuschlos über den Estrichboden, mit einer Eleganz, als würde er gleich zu einem Axel oder Rittberger ansetzen, und platziert sich mit einer halben Pirouette rücklings auf die Couch. Marco wohnt in einer 400 Quadratmeter großen WG am Hunziker-Areal, ein paar Rollminuten vom Bahnhof Oerlikon entfernt. Früher stand hier eine Betonfabrik, doch im städtischen Gefüge ist nichts einzementiert, und so werden hier heute Wohn- und Lebensträume produziert stattdessen. »Ein Wohnzimmer mit 30 Meter Länge ... Schon cool, oder? Manchmal habe ich Lust, ein paar Runden zu drehen und neue Figuren auszuprobieren, einfach so.«

Anna. »Alle 15 Minuten fährt der Zug am Haus vorbei, dann ist es kurz laut, aber das stört nicht wirklich.« Anna wohnt mit ihrem Lebensgefährten und sechs Freunden in einer Wohngemeinschaft im vierten Stock. Auf dem Balkon steht ein alter Tisch, eine Sitzbank aus den Fünfzigerjahren, ein halb ausgetrunkenes Glas Panaché. »Die Wohnbaugenossenschaft lässt uns viele Freiheiten. Wir können die Wohnungen selbst verwalten und frei

26

darüber entscheiden, mit wem wir hier wohnen und wie wir den Mietschlüssel festlegen. Es ist ein Wohnen auf basisdemokratischem Fundament.«

Mauro. »Ein Freund von mir ist Türke, ein richtiger Gesellschaftsmensch, er hat sich nach einer Wohnung umgeschaut und dann dieses WG-Projekt *Mehr als Wohnen* gefunden. Das ist wirklich mehr als nur Wohnen.« Mauro ist Architekt, ein Meister der Raumgestaltung, aber ein nicht ganz so exzellenter Excel-Listen-Spezialist. An der Garderobentür hängt ein Putzplan, ein komplizierter Reinigungs-Kanban mit bunten Post-its.

Karl. »Ein tolles Haus. In Hamburg gibt es so etwas nicht. Ich genieße das Miteinander. Manchmal schlafe ich im Winter, wenn die Heizung wieder mal zu heiß aufgedreht ist, draußen auf dem Balkon.«

Felix. »Dass ich das noch gefunden habe! Endlich eine WG, die nicht nur aus Studierenden besteht! Dieses Haus … es ist ein kleines Universum.«

Jutta. Auf ihrer Zimmertüre steht DS64-SUED. Dahinter wohnt Jutta, Mâitre de Cabine bei Swiss, doch die ist im Moment gerade in der Luft, irgendwo über Afrika oder Südamerika, das weiß hier niemand so genau.

Zürich ist die Stadt der Zünfte, der Gilden und Genossenschaften. Mit dem Beitritt erwirbt man das Anrecht auf gelebte Individualität. Ein Stückchen außerhalb der Stadt, unweit des Zürichsees, liegt das Haus des Freitod-Vereins Dignitas. Seit fast 20 Jahren organisiert Ludwig A. Minelli Sterbehilfe für lebensmüde und todkranke Menschen. Rund 2 500 Personen, sagt man, wurden hier bereits in den Freitod begleitet. Zürich ist eine mit calvinistischer Nüchternheit aufgehende Gleichung. Hier kann man, wenn man nur Mitglied im richtigen Verein ist, in Würde und Selbstbestimmung leben und in Würde und Selbstbestimmung sterben.

Schöne alte Augen
Stone Town

- 👤 210 000
- 🕐 2 Tage
- 📍 Sansibar, Tansania

Durch Stone Town zu wandeln, das ist wie ein Spaziergang durch ein altes Schwarz-Weiß-Album, voller Fotografien von Kalifen, Karawansereien und fliegenden Teppichen. Es ist eine Stadt, in der man jedes Haus, jedes Holztor, jede überhängende Veranda angreifen möchte, in der man die Schuhe ausziehen will, um unter den nackten Sohlen den mal in der Sonne aufgewärmten, mal schattig kühlen Stein zu spüren. Es riecht nach Schimmel, der sich auf den feuchten, steinernen Wänden abgelagert hat, nach totem Fleisch und getrockneten Fischen, nach Kurkuma, nach frischen Kräutern, nach in der Nase beißenden Chilischoten. Wo ist Sindbad?

Die Straßen sind genauso, wie sie unter einem solchen Himmel sein sollten, tiefe und windige Gassen, kaum 20 Fuß in der Breite, und Reisende vergleichen sie mit den Fäden eines verworrenen Knäuels, schrieb Richard Burton, der für sein Leben gern den schwarzen Kontinent bereiste, 1857 in seinen Notizen nieder. Besonders faszinierten ihn, auch ihn, die schweren, geschnitzten, mit Messingbeschlägen geschmückten Türen aus Mangoholz und dunklem Mahagoni. Die künstlerischen Arbeiten, die den Blick des daran Vorbeigehenden unweigerlich auf sich ziehen, sind Einflüsse aus Indien, aus Arabien, aus Swahililand. *Je höher das Mietshaus, je größer das Tor, je schwerer das Schloss und je mächtiger die Eisenbolzen, die die Türflügel aus schwerem Holz durchstoßen, desto größer ist die Würde des Besitzers.*

»Ist das nicht eine zauberhafte Stadt? Ist das nicht der Prototyp dessen, wie man sich Stadt eigentlich vorstellt?« Zakia Abdullah Agterdenbos, Augen wie Maria Callas, Lippen wie Grace Jones, leitet eine kleine Galerie in der Hurumzi Street. *The Beautiful Eyes*, so der Name, hat sich auf Schwarz-Weiß-Fotografie spezialisiert, holt Menschen vor die Kamera, spielende Kinder, Mütter, Großväter, Bauern, Marktverkäuferinnen, fängt die schönsten Orte der Stadt ein, Märkte, Plätze, Koranschulen, Frauen in Fenstern, Richard-Burton-Gassen in unterschiedlichen Lichtstimmungen. »Früher war ich der Meinung, dass ich mit jedem Foto der Welt ein Bild stehle«, sagt Zakia. »Aber heute weiß ich, dass ich damit der Welt ein Bild aus fast schon vergessenen Zeiten schenke.«

Stone Town, eine einzige Liebeserklärung an die Altheit, besteht aus zweitausend steinernen Häusern, darunter Kirchen, Moscheen, Hindutempel, die Old Dispensary mit ihren wie im Scherenschnitt geschnitzten Giebeln und Balkonen sowie das 1883 errichtete House of Wonders, das erste Gebäude auf der Insel mit Strom, Aufzug und fließendem Wasser, in Auftrag gegeben von Barghash bin Said, dem zweiten Sultan von Sansibar. Später bringt mich Suleiman, in der Früh Fischer, am Nachmittag Taxifahrer, mit seinem Boot auf die ehemalige Gefängnisinsel Changuu. Die ältesten hier lebenden Bewohnerinnen tragen das Alter auf ihrem Rücken. Ein faltiger Hals, beautiful eyes, Füße, die sich durch ein ganzes Leben gegraben haben. Auf einem der Panzer, 120 Zentimeter lang, 250 Kilo schwer, sind mit blauer Farbe die Ziffern 1, 9 und 2 aufgetragen. Man kann von hier, zwischen Schuppen und Blättern hindurchschimmernd, das alte Stone Town sehen.

Singapore Sling
Singapur

- 5,6 Millionen
- 3 Tage
- Singapur

2. Februar 2014. Singapur feiert gerade chinesisches Neujahr. Die Marina Bay ist in orangerotes Licht gehüllt. Überall Lampions, Girlanden und hundert Meter lange, leuchtend helle Drachen, die auf Stecken tanzend über die Promenade getragen werden. Es riecht nach Fisch, Jiaozi und frisch frittierten Frühlingsrollen. Schießbuden, große Plüschtiere, Karaoke-Stände mit ohrenbetäubend lauter Musik aus der Konserve. Im Hintergrund das Marina Bay Sands, das riesengroße Luxushotel mit seinem fast 150 Meter langen Infinity-Pool im 57. Stock, der immer wieder auf *Galileo*, *Abenteuer Leben* und *Welt der Wunder* gezeigt wird. Ein Feuerwerk, abgefeuert von ganz oben, was sonst, ein Knall, noch ein Knall, und noch ein Knall, Selfies, Handyfotos, Filme mit lustigen Grimassen. Applaus.

Und plötzlich fühle ich mich beobachtet. Im Himmel hängen ein paar Drohnen. Wie kleine, winzig kleine Helikopter schweben und kreisen sie über der Menschenmenge, es sind die ersten Drohnen, die ich in meinem Leben sehe, noch lange, bevor sie auf Amazon und Ebay auftauchen und um ein paar hundert Euro erhältlich sind, mit Kameras und Propellern. Ich schaue fragend zu Charlie hinüber. »Keine Sorge, das sind nur Überwachungsdrohnen, die von der Security eingesetzt werden. Die schauen, ob alles in Ordnung ist.«

Singapur, ehemals britische Kronkolonie, ist ein Realität gewordener Albtraum. Der 1819 von Sir Thomas Stamford Raffles gegründete Stadtstaat am südlichsten Zipfel der Malaiischen Halbinsel besteht aus Verhaltensregeln, Vorschriften und Verboten, die den Alltag der hier lebenden Menschen in einem an George Orwells *1984* erinnernden Ausmaß prägen. Kaugummis, egal ob im Geschäft, im Mund oder am Boden, sind illegal und werden mit 500 Singapur-Dollar geahndet. Das Essen und Trinken in der Subway ist verboten, ebenfalls 500 Dollar Strafe. Rauchen im öffentlichen Raum: 1 000 Dollar. Durian essen auf der Straße: 1 000. Die Straßenkameras an den Häusern filmen alles mit. Die Drohnen ebenso. Und einmal pro Woche, meist am Wochenende, fahren Tankwagen durch die Straßen und sprühen Pestizide aus. *Pest Control* nennt sich das allwöchentliche Inselstaat-Ritual. »Oder hast du in Singapur irgendwo schon mal eine Gelse gesehen?«

Singapur ist eine Gute-Laune-Stadt mit Geld, Konsum und Entertainment, mit Hotels, Casinos, Shopping-Malls, Haubenrestaurants und künstlich angelegten Parkanlagen. Und ohne Gelsen. »Aber wenn man nicht nur Tourist ist, sondern sich mit dem Ort längere Zeit beschäftigt«, sagt Charlie, ich nenne ihn einfach Charlie, weil ich ihm das versprochen habe, »dann ist Singapur eine kalte, leidenschaftslose Stadt, eine einzige Aktiengesellschaft, eine konformistische Maschine, die einem die Schlinge um den Hals legt und die eigene Atemluft abwürgt. Das ist der wahre Singapore Sling!«

Am nächsten Morgen in der Haji Lane, Little India, eine exterritoriale Zone im Herzen. Ein Augenzwinkern, ein kurzes Mund- und Lippenspiel, schon wird unter dem Tresen, Spearmint mit Nervenkitzel, der Kaugummi-Schwarzmarkt eröffnet.

Haare und Heterotopien
Teheran

- 8,7 Millionen
- 3 Tage
- Iran

Zum allerletzten U-Bahn-Waggon zu laufen, war keine so gute Idee. Kaum ist die Tür mit einem lauten Knall zugefallen, kaum setzt das Rattern auf den Schienen ein, wird es eigenartig um mich herum. Mein Blick verschleiert sich, leider nur dieser. Michel Foucault hat einmal den Begriff des abgeschlossenen Unortes, der sogenannten Heterotopie, geprägt, und dieser Unort am Ende des Zuges ist besonders heterotop. Und nun, dank mir, auch heterogyn. In der Dunkelheit des Tunnels treten die auf die Glasscheiben der Türen geklebten Buchstaben jetzt umso mahnender hervor: WOMEN ONLY. Der Umstand, dass man im Iran der Gegenwart als Mann eine Frau nicht ansprechen oder auch nur freundlich anlächeln darf, macht die Sache nicht einfacher, sondern nur unerträglicher. Eine flüsternde Stimme klopft ans linke Trommelfell: »Sir, I think you should change the car at the next stop.«

Und dennoch erlebe ich Teheran, unter Tag wie über Tag, als eine Stadt der Frauen. Während die Männer mit ihren aufgegelten Haaren, ihren knapp geschnittenen Hemden und ihren viel zu engen, ausgebleichten Jeans allesamt aussehen wie Tokio Hotel und sich in diesem Kanon recht wohlzufühlen scheinen, sind es die Frauen, die in ihrer vom Männerklerus aufoktroyierten Heterotopie mit der Zeit einen regelrechten soziopolitischen

Sport entwickelt haben. Sie messen sich im nonverbalen Ausreizen der Sitte: Wie wenig Stoff braucht es, und wie viel Haar verträgt es, um gerade noch von Kopftuch sprechen zu können?

Nirgendwo zeigt sich diese gekonnte Verschleierungstaktik besser als in ebendiesen abgeschlossenen Hauptstadträumen – in Bars, Cafés, Restaurants, in öffentlichen Bussen und in vollgepferchten U-Bahn-Waggons auf dem Weg zurück in die Innenstadt. Anders als in den meisten islamischen Ländern nämlich sitzt der Hedschab im Iran nicht am Haaransatz, sondern am Scheitelpunkt, sodass über der Stirn ein Teil der aufgeföhnten und durchgesträhnten, plastisch wohlgeformten Haarpracht zu erkennen ist. Und es ist ein Genuss zu beobachten, wie das meist bunt gemusterte Textil bei den jungen Frauen Minute für Minute, Millimeter für Millimeter nach hinten rutscht, nur um beim nächsten Auftauchen der Gashte Ershad, der Sittenpolizei, scheinbar nebenbei wieder in die richtige Position gerückt zu werden. Es ist ein Spiel gegen die Judikatur. Ob es das war, was Khomeini vor Augen hatte, als der von ihm ernannte Wächterrat nach der Islamischen Revolution 1979 das Verstecken der weiblichen Reize zum Gesetz erklärte?

Es gibt nur wenige öffentliche Orte in Teheran, die von der bis 2014 streng sanktionierten Kopftuchpflicht ausgenommen sind. Der Armenische Club in der Khark Street 68, ein auf den ersten Blick gediegener Ort mit Stofftapeten und Vertäfelungen, ist ein Stück Yerevan in Teheran. Hier sind nicht nur die Kalbszunge servierenden Kellnerinnen unverschleiert, hier wirken auch die mit schwarzer Spitze gesäumten Wände wie in einem Flagship-Store von Victoria's Secret. Ich muss wieder an Michel Foucault denken. *Gewissermaßen ein Ort außerhalb aller Orte.*

Fi Noo Sou
Cái Bè

- 23 000
- 1 Tag
- Vietnam

»Rambutan, Rambutan! Ein Kilo Rambutan nur 5000 Dong!« Ein kurzes, neugieriges Lächeln genügt, schon quetscht die Marktfrau einen halben Ast mit einigen Dutzend dieser stacheligen roten Früchte in einen Sack und hält diesen handelseins übers Wasser. Ein paar Boote weiter gibt's frische Bananenstauden, schillernd zwischen Gelb und Grün. Ums Eck dann kriegt man Büschel voll von kleinen, braunen Longans. Bis die Ingredienzien für den morgendlichen Vitaminschub zusammengerudert sind, legt man locker ein paar gefühlte nautische Meilen zurück.

Der schwimmende Markt von Cái Bè ist einer der wichtigsten und geschäftigsten Handelsorte im Mekongdelta. Tag für Tag schippern Obsthändler, Reisbauern und Fischer von weit her in die schwimmenden Kleinstädte, um auf der Wasseroberfläche ihre Waren anzubieten. Marktstart ist um sechs Uhr morgens. Zu Mittag sind die meisten Boote bereits leer. »Die schwimmenden Märkte sind unsere Lebensader«, sagt Thanh Ngoc. Die 23-Jährige lebt schon seit ihrer Geburt im Delta. »Hier finden wir alles, was wir zum täglichen Leben benötigen. Die Nahrungsmittel sind billiger und frischer als in der Stadt. Und außerdem schneller zu erreichen.« Auf einem der Boote, Backbord, hockt eine Frau, Schaumkopf, Sonnenschein, kämmt sich gerade das Shampoo aus ihren langen Haaren, die Spitzen im Mekong schwimmend. Auf einem anderen, vorne am Bug, liegt ein Bub auf dem Bauch, macht gerade Hausübungen. Ein Mann steht im Wasser, repariert einen Motor.

»Zeit für ein Frühstück, findest du nicht?« Thanh Ngoc blickt kurz um sich. »Geradeaus und dann links. Da vorne ist es schon!« Die Orientierung zwischen den vielen, bis zu 15 Meter langen Sampans, auf denen die Verkäufer zwischen Melonen- und Ananasbergen hin und her balancieren, ist gar nicht so schwer. Man muss nur auf die langen Holzstangen achten, die wie dünne Segelmaste in den Himmel ragen. Die aufgespießten Obst- und Fischtrophäen geben Aufschluss über die jeweilige Verkaufsware. Ein Stecken, eine baumelnde Blechschüssel, das unmissverständliche Zeichen für Pho. Wir sind da. Ein paar schnelle Handgriffe. Fisch, Huhn, Karotten, Kohl und Nudeln, darüber ein Schöpfer heißer Brühe, ein Büschel Koriander. Es stinkt nach Fish Sauce, nach Fi So (Venglish, der letzte Konsonant wird verschluckt), ätzend, beißend, wie ein toter Hafen. Doch, habe ich gelernt, je strenger der Dampf, desto besser die Suppe.

Der Tourismus im Mekongdelta hat seine Spuren hinterlassen. Die natürliche Balance aus Kaufen und Verkaufen auf den schwimmenden Märkten ist längst gestört. Statt Obst gibt es immer öfter Souvenirs, statt Fischsuppe werden Sandwiches und Pommes frites übers Wasser gereicht. »Von den Touristenbooten und vom Fotografiertwerden alleine können wir nicht leben«, sagt Thanh Ngoc, schält ein paar Rambutan, schmeißt die Schalen ins Wasser. Der Markt von Cái Bè wird von Jahr zu Jahr kleiner. Für viele Händler zahlt sich der Verkauf an Endkunden schon lange nicht mehr aus. Sie beliefern Lebensmittelgeschäfte und Großmärkte an Land. Der Duft von Fi So wird bald verflogen sein.

Chromopolis
Tirana

- 👤 420 000
- 🕐 2 Tage
- 📍 Albanien

»Ich liebe diese Farben«, sagt Hatixhe. »Seit wir die Häuser bunt gestrichen haben, wirkt die Stadt ganz anders. Die Probleme sind immer noch die gleichen, aber ich habe das Gefühl, sie sind nicht mehr so dramatisch.« Hatixhe betreibt einen kleinen Obst- und Gemüseladen am Bulevardi Zhan D'Ark. Sie bietet Äpfel, Birnen und Melonen an, aber auch exotische Früchte wie Feigen, Kaki und Granatäpfel. Die Farben der Natur tun sich schwer, mit dem Haus mitzuhalten. Während unten noch Staub und Erde an den Schalen haften, wirft sich die Fassade in Camouflage in Rosa, Pink und Magenta.

Gelbe Pfeile auf grünem Grund. Hellblaues Karo mit gelben Rauten. 3D-Effekte in Rot, Grau und Schwarz. Weißes Haus mit aufgemalter Wäscheleine. Eine Zielscheibe in Rot und Grün. Ein Tanz aus gelben und orangen Ahornblättern. Ein Regenbogen quer über alle Fenster und Markisen. Eine Wellenlinie in Kindergartenfarben. Ein beiges Haus mit weißen Kuhflecken. Rote und lila Streifen, wie ein Kleid von Missoni oder Paul Smith. Man kann nicht genug kriegen, rote Türen, gelbe Erker, schwarze Balken. Keine Angst vor Farben, alles explodiert. In der Rruga Muhamet Gjollesha, nicht weit vom Sheshi Zogu i Zi, findet sich die ganze Wahrheit hinter dem bunten Tun, weiß auf braunem Hintergrund: *These are the things we are fighting for.*

»Wir hatten überhaupt kein Geld für große Sanierungen, aber wir mussten dringend was machen«, sagt Edi Rama, einst Bürgermeister von Tirana, heute Ministerpräsident des ganzen Landes, während er mit den Filzstiften spielt, die auf seinem Schreibtisch herumrollen, und Linien und Kreise auf kariertem Papier damit zieht. »Genau so! Die Aktion war billig und simpel, aber extrem wichtig, denn sie hat der ganzen Stadt damals einen richtigen Schubs verpasst.« Damals, das war in den Jahren 2000 bis 2005. Für seine radikale Offensive *Clean and green* wurde der ausgebildete Künstler von den Vereinten Nationen ausgezeichnet. Und die Online-Plattform *City Mayors* hat ihn zum Bürgermeister des Jahres 2004 gekürt.

Nicht alles ist bunt geworden. »Siehst du das Hotel Dajti? Da, genau da, habe ich sieben Jahre lang als Rezeptionist gearbeitet«, sagt Guxim Zurbo, während er vom Gas steigt und seinen Arm aus dem Fenster streckt. »Hier! Das war die erste Adresse in Tirana! Aus und vorbei. Jetzt bin ich Taxifahrer.« Guxim hält an. 390 Lek. Die Taverna Dajti im Untergeschoß des Hotels lässt erahnen, wie es hier mal gewesen sein muss. Ein Teppich aus *Shining*, überall kalter Rauch, und die roten Plastikstühle von Giò Ponti, aufgefädelt in einer Reihe, haben Sprünge und Brandflecken von Zigaretten.

Direkt vor dem Dajti liegt der Parku Rinia, das pochende Herz Tiranas, mit Springbrunnen, bunt lackierten Parkbänken und herzförmigen Luftballons in Kinderhänden. Alte Männer spielen Schach am Asphalt. Die Schachfelder sind gelb und grün. Am offenen Feuer wird Kukuruz gegrillt, den man hier nicht knabbert, sondern mit den Fingern vom Kolben schabt. Das albanische Fanta ist orange, sehr orange, und das Calippo so süß-sauer wie die ganze Stadt.

Dolce Vita Superstar
Asmara

- 👤 805 000
- 🕐 4 Tage
- 📍 Eritrea

Die alte Gaggia röchelt ums Überleben. Sekunden später tropft der brühend heiße Kaffee in die Tasse. Es riecht nach frisch geröstetem Kardamom. Senait Tsehaye, die Dame hinter der Theke des Cinema Roma, einem Bau aus den späten Dreißigerjahren, dreht sich zum Regal und greift nach einem Fläschchen Gingerino. Das knallrote alkoholfreie Getränk (Druckfehler auf dem Etikett, *analcolic*, krampfhaft schmerzhaft) ist eine Erinnerung ans Mutterland zu Mussolinis Zeiten, als Eritrea noch italienische Kolonie und Asmara noch heimliche Hauptstadt der Dolce Vita war.

»Ja, wir haben den Italienern wirklich einen Großteil unserer Kultur zu verdanken«, sagt Johannes Werede, bestellt ebenfalls einen Espresso, dazu ein Glas Zibib, ostafrikanischen Ouzo. Wie die meisten seiner Generation spricht der 73-jährige Bauingenieur fließend Italienisch. »Und wenn ich von Kultur spreche, dann meine ich nicht nur die Sprache und nicht nur die reiche Bar- und Kaffeekultur, nein, dann spreche ich vor allem von Architektur.«

Als Eritrea 1889 von den Italienern besetzt und kolonialisiert wurde, war Asmara noch ein kleines Dorf mit ein paar Tausend Einwohnern. Dank seinem milden Klima in 2 300 Meter Höhe wurde der Ort bis zum Ausbruch des Ersten Weltkriegs zum zweiten Rom ausgebaut. Ein Traum aus der Retorte. »Hier konnten sich die Architekten und Bauingenieure austoben. Sie schufen sich eine faschistisch-futuristische Musterstadt aus Glas und Beton. Ich kann mich noch genau erinnern«, sagt Johannes, »als ich ein Kind war, gab es in Asmara mehr Autos und mehr Verkehrsampeln als in ganz Rom.«

Mehr als 400 Gebäude wurden in dieser Zeit errichtet, Wohnhäuser, Bürobauten, Fabriken, und keines davon ist so aufregend wie die Tankstelle Fiat Tagliero an der Sematat Avenue im Bezirk Alfa Romeo. Der 1938 von Giuseppe Pettazzi errichtete Bau, eine Mischung aus Segelflugzeug und Kreuzfahrtschiff, spreizt seine schwerelosen Flügel über die Autos, als hingen sie auf unsichtbaren Fäden vom Himmel, keine Säule weit und breit, ein konstruktives Meisterstück.

Die Zukunft war gestern. Heute ist Vergangenheit. »Ich danke der Geschichte, denn sie hat uns ein Haus gegeben«, sagt Elsa Tekleemariam. Gemeinsam mit ihren drei Kindern, ihrer Mutter und ihrem Schwiegervater wohnt die 26-Jährige auf dem Tank Cemetery, dem Military Vehicle Graveyard im Westen der Stadt, inmitten von Panzern, Schulbussen und durchgerosteten LKWs. Elsa bewohnt einen ausrangierten Dritte-Klasse-Waggon der Äthiopischen Staatsbahnen. Draußen zwischen den Panzerraupen gackern die Hühner. Von Kanonenrohr zu Kanonenrohr ist eine Wäscheleine gespannt. Auf einem T-Shirt ist *Schingrwa* zu lesen.

Zurück im Cinema Roma. Auf der Bühne werden die letzten Vorbereitungen getroffen. Die Kamera steht bereit. Draußen im Foyer stehen weiß gekleidete Burschen und Mädels an der Bar, trinken Anisschnaps und Kaffee mit Kardamom. Am Abend werden sie in der Casting-Show *Schingrwa* gegeneinander antreten. Nicht nur Deutschland, auch Eritrea sucht den Superstar.

Kein Strawinsky, kein Nijinsky
St. Petersburg

- ♀ 5,3 Millionen
- ◑ 4 Tage
- ⚲ Russland

Ein Wind, 30 Grad unter null, fegt über die leeren Plätze, fegt gegen die Turmspitzen, bisweilen zerfetzt er, wie Maschinengewehrsalven, den Schnee, singt Alice, sinnlich volle Lippen, leidenschaftlich brennende Augen, in ihrer 1985 erschienenen Ballade *Prospettiva Nevski*. Alice war meine erste große Liebe. *Und rundherum die Feuer der Roten Garden, entzündet, um sie alle zu vertreiben, die Wölfe und die Alten mit ihren Rosenkränzen. Wir saßen auf den Kirchenstufen, warteten, dass die Messe vorbei sei und die Frauen herauskämen, und dann sahen wir, abwesenden Blicks, die überirdische Grazie von Nijinsky.*

Jahre später habe ich gelesen, dass Alice ihr Lied dem Newski-Prospekt, der Hauptstraße des damaligen Leningrads, gewidmet hat. Und auch, dass man italienische Schlagertexte aus den Achtzigerjahren besser nicht übersetzt. Doch die Sehnsucht nach St. Petersburg, die war längst geweckt. Der Newski-Prospekt ist eine viereinhalb Kilometer lange Prachtstraße, die im Südosten beim Reiterdenkmal des russischen Fürsten Alexander Newski beginnt und im Nordwesten auf die goldene, hauchdünne, sich wie eine Nadel nach oben verjüngende Turmspitze der Admiralität zuläuft. *Eines Tages auf dem Newski-Prospekt geschah es, dass mir Igor Strawinsky über den Weg lief.* Ich stoße nur mit einer Verkäuferin zusammen, die vor dem Gostiny Dwor steht und mich mit einer Dose Kaviar, »ikra, ikra!«, ins größte Warenhaus der Stadt zu locken versucht.

Wo sind die Igor Strawinskys? Die Vaslav Nijinskys? Die Rudolf Nurejews? Die Puschkins? Tolstois? Dostojewskis? Prokofjews? Tschaikowskis? Rimski-Korsakows? Graf Bœuf Stroganows? *Und dann verliebte er sich hoffnungslos, ins russische Ballett und in seinen Impresario. Und wir, wir studierten zurückgezogen in einem Zimmer, bei trübem Licht von Kerzen und Petroleumlampen, und konnten es kaum erwarten, zu reden und zu diskutieren.*

Mein Zimmer befindet sich in einem alten Palais am Gribodojedow-Kanal, gleich neben dem Kamenji Most. Es ist ein Privatquartier über einer Bank- und Versicherungsfiliale, trübes Licht von Leuchtstoffröhren, der Zugang erfolgt durchs Bankfoyer. Wenn ich beabsichtige, das Zimmer zu verlassen oder wieder heimzukommen, sagt der Vermieter, müsse ich mich also an die Öffnungszeiten der Bank halten. Andernfalls müsste ich den Nachtportier wecken. Aber das sei nicht so gern gesehen. Der will ja auch irgendwann mal schlafen. »Ili eto problema, gospodin? Togda vse okej? Okej!«

Die Bank hat längst geschlossen. Der Portier macht nicht auf. Und so beschließe ich, mit dem Trolleybus an den Stadtrand zu fahren, hinauf in den Norden, an den westlichsten Zipfel des Vasileostrowski-Distrikts, um mich, nach all den Kanälen, Brücken und Prospekten, dem Finnischen Meerbusen hinzugeben. Die Plattenbauten hier sind grau und beige und angsteinflößend riesig. Und obwohl es fast schon Sommer ist, und die Nacht warm und weiß, fröstelt es mich in der ganzen Stadt, als wehte ein eisiger Wind, 30 Grad unter null. St. Petersburg hat eine eiskalte Schönheit. *Und mein Meister lehrte mich, wie schwer es ist, die Morgenröte in der Dämmerung zu finden.*

Am Samstag kommen die Menschen
Savannakhet

- 👤 120 000
- 🕐 3 Tage
- 📍 Laos

Weise hasten nicht, und Hastende sind selten weise, besagt ein laotisches Sprichwort. So gesehen ist Savannakhet, zweitgrößte Stadt des Landes, das intelligenteste, selbstreflektierteste Fleckchen Erde auf diesem Planeten. Obwohl offiziellen Angaben zufolge rund 120 000 Einwohner hier leben (ich bin mir sicher, dass die Hunde in diesem Fall mitgezählt werden), merkt man von alledem nur wenig. Savannakhet, laut Reiseführer ein geschäftiges Kolonialstädtchen, ist eine verschlafene, ausgestorbene Ruine mit leeren Straßen, toten Häusern und schwarzem Schimmel an den Fassaden. Es ist Freitag, 15 Uhr. Ein Köter rennt durchs Bild. Ein zweiter. Ein dritter. Und dann wieder Stille.

»Savannakhet muss einmal eine richtig quirlige Stadt gewesen sein«, sagt Neung Joson. »Das merkt man allein schon an den großen Gebäuden im Stadtzentrum. Das muss schon etwas richtig Großstädtisches gehabt haben damals.« In der Thanon Khanthabuli, einer der fünf Hauptstraßen, die von Nord nach Süd verlaufen, parallel zum Mekong, stehen alte Geschäftshäuser, Theaterbauten, Kinos aus den Dreißiger- und Vierzigerjahren. Heute sind die meisten Gebäude vergittert und verbarrikadiert. Die Dachstühle sind ausgebrannt. Aus den Fenstern wachsen Bäume. In den kleineren Geschäftslokalen aber, in denen früher Klamotten, Lebensmittel und

42

Elektronikwaren verkauft wurden, wohnen heute ganze Familien. Untertags stehen die Wohnungen offen, wie eine Loge mit auf den Gehsteig hinausgeschobenen Sofas und Fauteuils, erste Reiße fußfrei, Blick auf die Stadt. In der Nacht jedoch werden die alten Rollläden heruntergezogen, und dann zeigt Savannakhet sein blechernes Gesicht. Ein Köter rennt über die Straße.

»Diese Stadt ist so richtig morbid, was? Aber ich sage dir ganz ehrlich, genau aus diesem Grund bin ich hierhergekommen. Thailand ist mir viel zu hektisch, da platzt mir der Schädel. Hier aber kann ich mich zurücklehnen und so richtig die Zeit genießen.« Neung Joson wohnt in Mukdahan, auf der anderen Seite des Flusses. Seit einigen Jahren betreibt er das Café und Bistro Sooksavan in der Thanon Latsadanai, gelbes Haus, türkise Fensterläden, üppig wucherndes Gebüsch, pendelt Tag für Tag über die Friendship Bridge, zückt einmal am Morgen und einmal am Abend seinen Reisepass an der Grenze. Auf der Speisekarte stehen Pad Thai, Papayasalat und Satay-Spieße mit Erdnusssauce, aber auch Latte Macchiato, American Cheesecake und Brownies mit Vanilleeis.

Am nächsten Tag. Schon in den späten Nachmittagsstunden kommen die ersten Thai-Touristen über die Brücke und verwandeln Savannakhet für wenige Stunden in ein Sodom und Gomorrha. Beim Kreisverkehr, dem mit den zwei großen Dinosauriern in der Mitte, werden die getönten Scheiben gesenkt und die Bässe laut aufgedreht. Im Konvoi rollen die schwarzen Limousinen der reichen Thai-Buben ins Stadtzentrum. Sie trinken Bier, essen gebratene Nudeln und schauen sich nach billigen Mädchen um. Am Abend fahren sie weiter nach Savan Vegas, ein Resort mit fünf Meter hohen Plastikelefanten und ziemlich lockeren Glücksspielgesetzen. Die Hunde haben sich bis morgen verkrochen.

Bzzz, bzzz
Kyoto

- 1,5 Millionen
- 4 Tage
- Japan

»Konnichi wa!« Lächelt, verbeugt sich und trappelt mit kleinen Schritten zum Rezeptionstresen. »Sie haben reserviert? Ah ja, da habe ich Sie schon. Wir haben ein Zimmer für Sie vorbereitet, ein sehr schönes, großes Zimmer, viereinhalb Tatami, um genau zu sein, leider ein Durchgangszimmer. Ich hoffe, das stört Sie nicht. Eine Tasse Genmaicha?« Sadako Yamada, ein altes Weiblein mit einem süßen Kichern, so süß, dass es sogar für die geraubte Privatsphäre in den kommenden Nächten entschädigt, die Thermoskanne in der Hand, leitet gemeinsam mit ihren beiden Schwestern Kikue und Terumi ein Ryokan in Higashiyama im Nordosten der Stadt.

»Schuhe ausziehen! Kommen Sie, kommen Sie! Hier lang, hier lang.« Wir gehen hoch in den ersten Stock, das ganze Haus knarrt, durch die Reispapierwände hört man die Klangwolken der hier wohnenden Gäste. »So, bitte schön, Zimmer Nummer 5B. Das Bett ist schon gemacht. Bitte fühlen Sie sich wohl! Arigato gozai-mas, oyasumi-nasai!« Verbeugt sich, steigt über die Schwelle und schiebt die Türe hinter sich zu. Durch die Papierläden vor dem Fenster fällt das Licht der Straßenlaterne in den Raum. Es gibt kein Klo und kein Bad, dafür aber ein Paar Hausschuhe vor 5A und eine kurze Stippvisite aus 5C. »Konnichi wa!« Konnichi wa. Der freundliche Japaner verbeugt sich, lächelt sehr freundlich und steigt mit seinen weißen Söckchen über meine viereinhalb Tatamimatten, verbeugt sich noch einmal, steigt über die Schwelle und schiebt die Türe hinter sich zu. Fünf Minuten später das Ganze in umgekehrter Reihenfolge. »Arigato gozai-mas, oyasumi-nasai!« *Auf den Stadtfeldern, nachdenkliche Kirschbäume, Fremde sind Freunde.* Ein Haiku von Kobayashi Issa, 1763 bis 1828.

Am nächsten Morgen frage ich Sadako, wo das Badezimmer ist, denn auf den Feldern dieses Hauses jedenfalls hat sich meine Suche bislang als erfolglos erwiesen. 5A und 5C konnten mir auch nicht weiterhelfen. Sadako lächelt, holt mir ein Paar Holzschlapfen, eine schöne Yukata aus weiß-blauer Baumwolle und eine Plastikschüssel mit einem zusammengefalteten Stofftuch darin. »Anziehen!« Sie öffnet die Haustüre, es regnet heute, ziemlich stark sogar, über dem Kopfsteinpflaster ergießt sich der halbe Himmel. »Kommen Sie, kommen Sie!«

Wir gehen die Okazaki Dori bergauf, Holzschlapfen, rutschige Angelegenheit, die ganze Stadt schaut mir zu. *Der Regenschauer, ob er wohl glücklich machte, die Weinbergschnecke?* Kobayashi Issa. Nach zwei Minuten haben wir ein öffentliches Bad erreicht. Sadako begleitet mich hinein, nimmt mir die schwer gewordene Yukata ab, öffnet mir die Türe in die Waschhalle, reißt mir das kleine weiße Stofftuch von den Lenden und nickt ganz euphorisch. »Badezimmer, Badezimmer!« Es gibt vier kleine Becken, gemauert, gefliest, so groß wie ein Whirlpool. Das erste ist zu kalt, das zweite zu heiß, das dritte stinkt, ich entscheide mich also für das vierte Becken, das mit den japanischen Schriftzeichen und den vielen Rufzeichen darüber, setze mich hinein. Nach 15 Sekunden bekomme ich einen Stromschlag. Nach weiteren 15 noch einen. Und dann noch einen. »Bzzz, bzzz!«, sagt der Mann unter der Dusche und lacht.

Doi deridi ridi ridi roidoi
Oradea

- 👤 210 000
- ⏱ 6 Stunden
- 📍 Rumänien

Eine Stadt im Ungarland, doi deridi ridi ridi roidoi, ist deswegen so bekannt, doi deridi ridi ridi roidoi, weil die allerschensten Medlech dort zu finden sein, und e Csárdás könne alle tanzen, Gott, wie fein! Aron Hersch und Itzig Veitel, Moische Bär und Natzi Teitel, alle Männer jung und fein, doi deridi ridi ridi roidoi, fahren erein nach Großwardein. »Bunaziua, junger Mann! Schinken, Käse, Eier, was darf's denn sein?« In der linken Theke liegen rohe Würste und, in weißen Plastiksschalen, Zungen und Innereien. In der rechten Theke liegen weiße Käseblöcke, in einer bleichen, milchigen Lake. »Etwas Schinken bitte und eine Scheibe Brânza!«

Wenn ist Markt in Großwardein, doi deridi ridi ridi roidoi, seht man Juden groß und klein, doi deridi ridi ridi roidoi, Kaufleut, Schnorrer und Hausirer mit e Povel-Waar, Ganefjüngel und dann Gigerl eine ganze Schaar. Alle rechnen schon voraus, doi deridi ridi ridi roidoi, auf der Bahn den Rebach aus. »Wo ist dein Korb, mein Kind? Wo sind deine Taschen?« Große Augen, die Mundwinkel angespannt, ein Kopfschütteln von 15 Jahr. »Ach je, nichts mit? Da hast du Zeitungspapier!« Im nächsten Moment schon stehe ich da, beiderhänds mit *Libertatea*, links darauf das Schwein, rechts der Brânza.

Doi deridi ridi ridi roidoi! Jahrzehnte später stolpere ich über das jiddische Lied *Nach Großwardein*, Text von

46

Anton Groiss, Musik von Hermann Rosenzweig. Es handelt von Oradea, von Nagyvárad, von Großwardein, vom zweiten Wien Österreich-Ungarns, jenem heimlichen, entlegenen Ort, an dem Itzig und Moische sich gehen lassen konnten. *Dick ist sehr Mamsell Chassores, doi deridi ridi ridi roidoi, weil sie kam in Lad und Zores, doi deridi ridi ridi roidoi, um zu wahren doch den Schein, fahrt sie ein nach Großwardein.*

Und sofort sind all die Bilder wieder da: Rathaus, Staatstheater, die Passage im Hotel Vulturul Negru, dem Schwarzen Adler, der ein ganzes Jahrhundert seine schützenden Flügel über den prächtigen Jugendstilbau legte, die Synagoge, das fünfeckige Fort, der griechische Bischofspalast, die Markthalle mit ihren blauen, verrosteten Säulen, die käsigen Kühlvitrinen, die alte Marktfrau, das Zeitungspapier, der Geruch von Brânza in meiner Hand.

Die bunten Seiten der *Libertatea* haben wenig Substanz, in jeder Hinsicht, und so dringt die salzig-säuerliche Lake der Brânza langsam in die Haut hinein. Schöne Stadt, la revedere! Nicolae, mein rumänischer Freund, gibt Gas und kurbelt die Fenster seines beigen Audi 100 hinunter. »Miroase a brânza in biserica asta.« Es riecht nach Käse, sagt er. »Mein Gott, was haben sie mit dir gemacht? Hast du in der Salzlake ein Bad genommen?« Der üble Gestank, eine Mischung aus Schafsmilch und Erbrochenem, hält an bis Transsilvanien. Die Erinnerung an Oradea geht über alle Wälder hinaus.

Der Rabbi kannte schon damals die Gefahren des Schafes und machte sich mit Vorlieb an das Schwein heran. *Treffes Essen ist verboten, doi deridi ridi ridi roidoi, so steht in den zehn Geboten, doi deridi ridi ridi roidoi, Schinken essen insgeheim, doi deridi ridi ridi roidoi, fahrt Reb-Kohn nach Großwardein.*

Müll für Elise
Taipeh

- 2,8 Millionen
- 2 Wochen
- Taiwan

Der Hahn steht auf einem Bein. Die Schlange schleicht durchs Gras. Der weiße Kranich breitet seine Flügel aus. Sie fassen den Vogel am Schwanz. Sie tragen den Tiger über den Berg. Sie teilen die Mähne des Wildpferdes. Am Ende spannen sie den Bogen und kreuzen die Hände. Es ist sechs Uhr morgens. Ich habe einen Pappbecher mit Nudelsuppe in der Hand, habe Platz genommen in einem kleinen Park zwischen Shida Road und Pucheng Street, und schaue zu, wie die Stadt allmählich zum Leben erwacht. Eine kleine Gruppe von Senioren, Sportschuhe, Trainingshosen, manche tragen auch komische Safarihüte, steht zwischen Palmen und Ginkobäumen, in der Mitte eine alte Soundmachine mit CD-Player, und vollführt langsame, synchronisierte Bewegungen im Zeitlupentempo. *Es ist nicht von Bedeutung, wie langsam du gehst, solange du nicht stehen bleibst,* hat Konfuzius gesagt.

»Good morning!« Ein junger Mann, in seiner rechten Hand ein Pappbecher, in seiner linken ein großer Plastiksack mit Dosen und Kartons, setzt sich zu mir und fängt an, seine Nudelsuppe zu schlürfen. »Was ist mit dir? Warum machst du nicht mit?« Gehockte Peitsche. Mit der Ferse stoßen. Den Gegner mit beiden Fäusten auf die Ohren schlagen. Wir lachen, sabbern auf die Parkbank, verlieren die dünnen Reisnudeln zwischen den

Stäbchen. »Was? Ich und Tai Chi?«, sagt er. »Nein, ist nicht mein Ding. Aber ich liebe es, den alten Menschen zuzuschauen. Das macht mich irgendwie glücklich.«

Taipeh, die Nordstadt, ist eine im Talkessel gefangene Metropole, die an ihren Rändern bis zu den Berghängen hochwächst. Bis zu 1100 Meter ragen die umliegenden Gipfel in die Höhe. Es gibt kein Entkommen und keine weiteren Wachstumsmöglichkeiten. Und dennoch hat sich die Stadt in ihrem 300-jährigen Wachstum ihre grünen Schatzinseln im Großstadtdschungel bewahrt. Überall Alleen, kleine Parks in den Wohnvierteln und größere Parkanlagen am Tamsui, die man in Taipeh liebevoll als Senlin gongyuan, als Stadtwäldchen, bezeichnet. Ein gelber Müllwagen fährt am Park vorbei, oranges Signallicht, dazu Beethovens *Für Elise*, das als digitales Flötengedudel aus dem Fahrzeug dringt, schon strömen die Menschen aus ihren Häusern. Cheng-Ying, so heißt er, stellt die Nudelsuppe ab, schnappt den Müllsack neben sich und springt auf. »Nicht weglaufen! Bin gleich wieder da.«

Ich verbringe den Tag mit Cheng-Ying, und die Nacht, wir zünden Räucherstäbchen im Konfuziustempel an, fahren in die Thermalbäder nach Beitou und wundern uns darüber, wie groß Chiang Kai-Sheks Füße sind und wie schlecht die ihm nachgebildete, am Schreibtisch sitzende Wachsfigur geraten ist. Als wir am Nachtmarkt gedünstete Schweinerippchen und Zongzi, Klebreis mit Bananenblatt, essen, fährt ein Müllwagen vorbei, diesmal flaschengrün, und es dudelt nicht Beethoven, sondern die polnische Komponistin Tekla Bądarzewska mit ihrem *Gebet der Jungfrau*. Was für eine Stadt! Im Wäldchen auf der anderen Straßenseite ein kleines Tai-Chi-Grüppchen. Wolkenhände. Nach vorne fliegen. Schritt zu den sieben Sternen.

Kimi Räikkönen 1:48:58,667
Abu Dhabi

♟ 1,4 Millionen
🕐 3 Tage
📍 Vereinigte Arabische Emirate

Take a left turn on Yas Leisure Drive and continue on this road for about 8 kilometers. Then take a left turn on E12 going west and continue for about 34 kilometers until you reach Corniche Road Emirates Palace Hotel. Estimated remaining time until arrival at destination 41 minutes. So weit wird es nicht kommen. Nach drei Minuten, kaum habe ich Yas Island erreicht, macht sich in der Luft ein immer lauter werdendes Heulen und Kreischen breit. Auf dem Yas Marina Circuit, rechts tauchen bereits die ersten gläsernen Gebäude auf, wird gerade um den Grand Prix von Abu Dhabi gefahren. Es ist Sonntag, der 4. November 2012. Lewis Hamilton war Bester im Qualifying, ist seit der ersten Runde in Poleposition, doch plötzlich, es ist kurz nach halb sechs, ich drehe das Radio lauter, der Moderator jammert irgendwas ins Mikrofon, hat Hamilton Probleme, offenbar mit dem Treibstoffsystem, wird immer langsamer, fährt den Wagen zur Seite, scheidet in der 19. Runde aus.

Ich hasse Formel 1, habe noch nie ein Rennen gesehen, halte das Fahren im Kreis für den dämlichsten Sport der Welt. Aber jetzt … jetzt werde ich gierig, wie ein kleines Kind, kann mich der Leidenschaft, die auf mein Trommelfell prasselt, kaum noch erwehren. Die Eintrittskarte, sagt die Frau an der Kassa, kostet 1 875 Dirham, weit über 400 Euro, aber so kurzfristig, meint sie, komme ich nur noch mit einem VIP-Ticket hinein. *Shall I have a look for you, Sir, how much that would be?* No, thanks. Dann also Plan B.

Ich fahre am Park Inn Radisson Yas Island vor, das Fünfstern-Hotel liegt direkt neben der Formel-1-Strecke, bleibe auf der Auffahrt stehen, schnappe mir den dicken Ausstellungskatalog aus meiner Tasche, ein paar zerknitterte Zettel mit irgendwelchen Listen drauf, die neongelbe Warnweste aus dem Handschuhfach, und drücke dem Hotelpagen den Schlüssel in die Hand. *Welcome to Yas Island, Sir! Are you checking in, Sir?* Yes, of course. Nein, natürlich nicht! Ob ich meinen Mietwagen wohl jemals wiedersehen werde? Wie viel wohl ein Autoverlust bei Sixt kostet? Wie ich das wohl erklären soll? Ich ziehe die Warnweste an, stecke mir die weißen Kopfhörer ins Ohr und marschiere, wild mit den Armen gestikulierend, auf Deutsch irgendwelche Selbstgespräche vor mich herschreiend, bin mir grad selbst unheimlich, nur nicht aufhören, nur nicht aufhören, mit stechenden Schritten, an der Security und den Catering-Bussen vorbei, durch die Lieferanteneinfahrt. Gitterzaun, zehnte Kurve, vor mir ein laut aufheulender, in der Geschwindigkeit verschwommener Formel-1-Wagen, schwarz mit goldener Schrift. *Kimi Räikkönen, Lotus-Renault,* sagt der Erste-Hilfe-Mann neben mir, *das muss er gewesen sein!* Er wird dieses Rennen gewonnen haben.

Am Abend vor dem Emirates Palace, Corniche Road. Sobald die Nacht einbricht, verwandelt sich Abu Dhabi, die im Arabischen schnelle Gazelle, in eine Rennstrecke mit roten Ferraris, gelben Lamborghinis und weißen Bugattis, die Motoren heulen auf, das Dröhnen macht sich die Innenstadt untertan. Es ist das Qualifying um die Poleposition unter den Söhnen der Väter. In Abu Dhabi hat jeder seinen Sport.

Parlement Night Club
Yamoussoukro

- 280 000
- 2 Tage
- Elfenbeinküste

In Yamoussoukro, sagt Jivko, gibt es einen Running Gag. *Tut mir leid, dass ich mich verspätet habe, der Verkehr war schuld.* Und dann lacht er wie ein kleines Kind, und ich muss mitlachen. »Ich habe diesen Witz schon hundertmal gehört und tausendmal erzählt, und ich kann mich jedes Mal aufs Neue amüsieren. Siehst du, was ich meine?« Wir stehen mitten auf der Straße, auf einer der unzähligen, 40 Meter breiten Avenues, die zwar schon im Stadtplan eingetragen sind, aber noch immer keinen Namen haben, noch immer nicht asphaltiert wurden, im Grunde genommen noch immer nicht existieren. Ursprünglich hätte dies eine achtspurige Prachtallee werden sollen, so wie die meisten Straßen hier. Heute ist sie eine 40 Meter breite Sandpiste mit Hügeln, Kratern und Büschen, die man bei Regen meiden sollte, sagt Jivko, weil immer wieder Autos und Pick-ups in der Erde stecken bleiben.

Yamoussoukro war einst ein Dorf mit 500 Einwohnern, mitten im Regenwald, 200 Kilometer von der Küste entfernt. Präsident Félix Houphouët-Boigny jedoch, der 33 Jahre lang an der Macht war, von 1960 bis 1993, wollte sich ein Denkmal setzen und beschloss, seinen Geburtsort zu einer Millionenstadt auszubauen. »Yamoussoukro muss damals ein tolles Pflaster gewesen sein«, sagt Jivko Mihaylov. Der 61-jährige Bauingenieur stammt aus Bulgarien, lebt heute im Benin und reist regelmäßig zu seinen Bauten und Baustellen nach Ghana, Liberia, Sierra Leone und in die Elfenbeinküste. »Na ja, zumindest für jemanden aus der Baubranche.«

Bäume wurden gerodet, Straßenkataster wurden angelegt, ein Parlamentsgebäude wurde gebaut, Rohbau gestoppt, ein Abgeordnetenhaus wurde errichtet, nur wenige Male genutzt, die Nationalversammlung ist längst ausgezogen, ehe das Gebäude zum *Hôtel des Parlementaires* umgebaut wurde, im Souterrain ein Night Club mit Mädchen aus dem ganzen Land, die Unesco wollte man locken, mit einem Konferenzzentrum mit 22 Sitzungssälen und Böden aus italienischem Marmor, doch die Unesco wollte nicht, heute steht auf der Einfahrtstafel *Fondation de la Paix Félix Houphouët-Boigny*, Friedensstiftung, Parkplatz leer, ein Geisterschloss, eine Residenz für den Präsidenten wurde errichtet, umgeben von einer 5,5 Kilometer langen Mauer, bis heute hat sich keine einzige Botschaft, kein einziges Ministerium in der Hauptstadt angesiedelt, ein internationaler Flughafen wurde gebaut und 2004 in Betrieb genommen, noch nie ist hier ein Passagierflugzeug gelandet, und eine Kathedrale wurde in den Himmel hochgezogen, Notre-Dame de la Paix, eine Kopie des Petersdoms in Rom, bloß 30 Meter höher und damit das zweithöchste Kirchengebäude der Welt.

Noch ehe Yamoussoukro eine funktionierende Stadt geworden ist, hat die Natur begonnen, das von Menschenhand geschaffene Halbwerk wieder zurückzuerobern. Die Straßen, die noch immer keinen Namen haben, noch immer nicht asphaltiert wurden, noch immer nicht existieren, verschwinden wieder. »Der Verkehr war schuld. Schau dich mal um hier! Wenn der Witz nicht so gut wäre, ich glaube, ich müsste jedes Mal weinen.«

Frau Pihla und die nackte Wahrheit
Helsinki

- 645 000
- 4 Tage
- Finnland

Kein Lippenstift. Keine langen Haare. Immer gegen den Uhrzeigersinn schwimmen. Frau Pihla, das sagt das weiße Namenskärtchen auf ihrem weißen Kittel, blickt sehr streng und deutet auf die Gebots- und Verbotsschilder an der Wand. »Sie sind das erste Mal hier? Also gut… Bitte befolgen Sie unsere Hausordnung! Sie werden sich bitte nackt ausziehen. Die maximale Schwimmzeit beträgt zwei Stunden. Es ist jetzt 16 Uhr 10. Ich wünsche Ihnen ein schönes Schwimmen.« Frau Pihla nimmt mir die Schuhe ab und drückt mir dafür einen kleinen Jeton, Nr. 48, in die Hand. Die dazugehörige Kabane befindet sich im zweiten Stock, beiger Stoffvorhang, Metallpritsche, ein versperrbares Nachtkästchen für die Wertsachen, ein paar Kleiderhaken an der Wand.

Das 1928 errichtete Jugendstil-Schwimmbad Yrjönkadun Uimahalli in der Yrjönkatu zählt zu den schönsten Schwimmhallen der Stadt. Es beinhaltet Sauna und Dampfbad, ein Sportbecken im Untergeschoß sowie eine grün gefliese Halle mit umlaufenden Arkaden, Umkleidekabinen und kleinen Tischchen, auf denen Tee und Mustikkamehu, Blaubeersaft, serviert wird. Pihla ist im Anmarsch. »Tee?« Ja, bitte. »Mustikkamehu?« Ja, bitte. Legt ein weißes Zettelchen mit handgeschriebenen Zahlen auf mein Bett, *18:10,* und eine kleine Zellulose-Sitzauflage für die Sauna, geht wieder.

Das finnische Schwimmen ist ein schweigender Wettkampf gegen das Geräusch, kein Pritscheln, kein Planschen, kein einziges gesprochenes Wort. Das Becken ist in drei Bahnen unterteilt: *Swimmers*, *Fast Swimmers*, *Pool Runners*. Darüber hängen zwei Uhren, eine mit Stunden und Minuten, eine mit Sekunden, und heute geht es besonders sportlich zu. Weit und breit kein Langsamer in der linken und kein Laufender in der rechten Bahn, doch dafür tummeln sich im mittleren Drittel, eingepfercht zwischen zwei blau-weißen Plastikketten, zwei Dutzend Fast Swimmers, alle nackt, so viele und so schnell unterwegs, dass sie sich fast schon die kraulenden Beine ins Gesicht treten.

Links und rechts des Beckens befinden sich Spucknäpfe aus Edelstahl. In den Ecken der Halle gibt es Klokabinen mit durchsichtigen Glastüren. In der Duschhalle nebenan hängen die Pissoirs mitten im Korridor, auf dem unvermeidlichen Weg von A nach B, jeder, der vorbeigeht, bleibt kurz stehen, pinkelt hinein, geht weiter. Und im Dampfbad steht ein Dutzend Männer auf sechs Quadratmetern zusammengedrängt, ich habe die kleine Sitzauflage vergessen, auf der Pritsche liegen gelassen, bin der Einzige, der nichts in der Hand hält, werde schief angeschaut, schließlich der heißen Kammer verwiesen. *Sauna köyhänapteekki*, besagt ein finnisches Sprichwort, die Sauna ist die Apotheke der Armen, und es ist die unsinnlichste Apotheke auf Erden.

Im Aleksanterin Teatteri ist heute Abend Milonga. Die Finnen, sagt man, zählen zu den gierigsten Anhängern des Tango Argentino. Im kleinen Studio des Theaters hat die Unsinnlichkeit ein Ende. Hier wird einem wiedergegeben, was Frau Pihla und die nackten Herren einem genommen haben. *Raja se on raittiudellakin*. Auch Enthaltsamkeit hat ihre Grenzen.

Gummimetropole
Manaus

- 2,2 Millionen
- 3 Tage
- Brasilien

Ich musste rudern, zwei Tage und zwei Nächte habe ich gerudert, um Caruso einmal in meinem Leben zu sehen, sagt Klaus Kinski, ganz außer Atem, das Gesicht verschwitzt, der weiße Anzug verschmutzt und verschmiert, an seiner Seite Claudia Cardinale, schwarzes Abendkleid, Diadem im Haar, und fleht den Türsteher an, *bitte lassen Sie uns da rein! Bitte!* Vor vielen Jahren, als Kinski gestorben ist, habe ich den Film das erste Mal gesehen, und seit damals habe ich das Bild nie wieder aus dem Kopf gekriegt. Ein breiter Strom, ein niemals endender Dschungel, und mittendrin eine abgeschiedene, abgeschnittene Großstadt mit einem rosaroten Opernhaus im Zentrum.

»Hast wohl auch *Fitzcarraldo* gesehen, was? Ich kenne schon die Leute, die nicht nur wegen der Delphine und der Dschungelwanderungen hierherkommen. Es ist der Blick in ihren Augen, wenn sie das erste Mal vor dem Teatro Amazonas stehen und zur goldenen Kuppel hochblicken«, sagt Wellington. »Bemvindo na realidade, querido! Und ich glaube, ich muss dich enttäuschen. Enrico Caruso ist tot, die Kautschukzeiten sind vorbei, und die Plácido Domingos, die vor ein paar Jahren die Wiedereröffnung des Hauses besungen haben, lassen sich hier auch nicht alle Tage blicken. Und bevor du fragst: Nein, das Theater ist geschlossen. Sommerpause, Herbstpause, Generalinventur, nenne es, wie du willst …«

Wellington ist ein alter Mann, gebückte Körperhaltung, der Gehstock scheint schon viel erlebt zu haben. Am Nachmittag, sagt er, kommt er immer in die Stadt, mal zum Teatro, mal zur Praça Dom Pedro II, zu dem kleinen Platz mit dem süßen Pavillon in der Mitte, wo halt gerade mehr Leute sind, um sie zu beobachten und an ihren Leben teilzuhaben. »Ein cleverer Bursche scheinst du mir jedenfalls zu sein. Unterm Arm den zusammengefalteten *Estadão*, druckfrisch von heute, da könnte man dich glatt für einen Kulturstudenten aus dem Süden halten. Muito legal, gar nicht blöd … Weißt du, Manaus ist auch nicht mehr das, was es mal war. Die Gringos werden hier ausgenommen wie die Sparschweine. Sempre está cuidado, querido, immer schön vorsichtig sein …« Ich frage ihn, ob er mich durch die Stadt begleiten, mir ein paar Geschichten erzählen möchte. »Wo bist du eigentlich her? Und hast du überhaupt einen Namen? Na dann, worauf warten wir noch?«

Manaus war einst die reichste Stadt der Welt, Ende des 19. Jahrhunderts, und Wellington zeigt mir die alten Paläste, die damals im Kautschukfieber errichtet wurden, mit Kacheln aus Delft, mit Marmor aus Florenz, mit Glasarbeiten aus Venedig. Wir spazieren hinunter zum Hafen, schauen uns die Schiffe an, die Manaus und Belém miteinander verbinden, *Cometa*, *Genesis VI*, *Vitória de Deus* und wie sie nicht alle heißen mögen. Vier Tage dauert die Fahrt stromabwärts, sechs Tage stromaufwärts. Am Ende lädt er mich auf eine Tasse Tacacá am Straßenrand ein. Die Manioksuppe mit getrockneten Shrimps hat einen durchsichtigen Tapioca-Knödel, der wie glibberiger Kautschukschleim in der Brühe schwimmt. Der Gummi hat die Stadt nie losgelassen. Ich muss mich fast übergeben. »Ha! Was für ein großes Drama! So hat Fitzcarraldo dreingeschaut, als seine *Molly Aida* gekentert ist.«

Hotel Bangkok Plaza
Bangkok

- 10,6 Millionen
- 1 Woche
- Thailand

Am Straßeneck springt mir ein junger Mann entgegen, in seinem Arm eine Mappe voller eingeschweißter Fotos. »Lady for tonight?« Er blättert zwischen den Seiten, gibt mir verschiedene Damen zur Auswahl. No, thanks. »Okay, Sir, no problem!« Blättert nach hinten, Damen, sich auf Fellen und Fauteuils räkelnd. No, thanks. Noch einmal Blättern, noch einmal nackter, noch einmal näher, ein Zoom zwischen die Schenkel. »Tell me what number you like … Just have a look! Maybe number 8? Or do you prefer red pussy«, blättert um, »just like number 17?« No, thanks. »Uh, now I know what you are looking for! We also have beautiful boys … You see?« Auch hier gibt es jede Menge Bildangebot, erst gesichtsweise, dann körperweise, dann schwanz- und arschweise.

Im Hotel Bangkok Plaza, Asien südöstlich, trinken Damen Mai Tai, das schmeckt bitter und köstlich, singen Tetta Müller und Lo Malinke, die gemeinsam als Malediva auftreten und das Unaussprechliche aussprechen. *Verschwitzte Körper, verschwitzte Blusen, Polyesterblumen auf winzigen Busen, die Schwüle der Tropen, die macht sie so müd, in der 40. Etage liegt ihre Suite. Es hat dort vier Betten, denn sie sind zu viert, die Zimmer sind sämtlich airconditioniert.* Die Seitengassen in Bang Rak, Silom und Sukhumvit, da, wo die Tage heiß und die Nächte noch heißer sind, locken jedes Jahr einige

Hunderttausende Sextouristen, die genaue Zahl wird nicht veröffentlicht, in die Stadt. Männer und Frauen aus aller Welt kommen hierher, um für 70 Dollar pro Stunde nach Lotusland zu reisen.

Sukhumvit Road, irgendwo zwischen der Metrostation Nana und dem Chalerm Maha Nakhon Expressway, brodeln die Widersprüche Bangkoks wie nirgendwo sonst. Auf der Straße tobt der Verkehr, links und rechts davon eröffnen sich Welten aus Laufstall, Luxushotel und Lichtreklame. McDonald's, Dunkin Donuts, Kentucky Fried Chicken, ein Massagesalon, ein indisches Restaurant, Garküche auf der Straße, auf den blechernen Töpfen der Feinstaub und Ruß von Monaten und Jahren, Sofitel Hotel, fünf Sterne, eine Ladyboy-Bar, ein Yoga-Studio, eine Tankstelle, die schwedische Botschaft, eine Schneiderei, noch eine Schneiderei, und noch eine Schneiderei, Mädchen in Hotpants, Männer in High Heels, eine pakistanische Cricket-Mannschaft, betrunkene Buben, verschleierte arabische Frauen, eine chassidische Familie, Marriott Hotel, 40 Etagen, ein Pub, Lichtreklamen, die immergleichen Lichtreklamen, rote Schrift auf weißem Hintergrund, eiskaltes Neonlicht. *Dr. BJ's Salon.* »Dr. BJ ist der Ronald McDonald der Sexindustrie«, hat der britische Besitzer, der sich selbst nur Dr. BJ nennt, vor einigen Jahren im Interview mit dem Lifestyle-Magazin *Vice* gesagt. Und die Abkürzung, ja, die Abkürzung steht genau dafür. Ein BJ, 30 Minuten, 700 Baht.

Die Damen denken bei Rice with Chicken, bei Chicken with Rice nur noch ans Ficken. Sie töten Mosquitos und trinken ihr Blut. Chinesische Männer riechen nicht gut. Die Boys in den Movies, um sie zu verwöhnen, duften wie Lotus beim Kommen und Stöhnen. Bangkok ist ein verruchter Moloch. Und es ist ein Beweis für die gelebte Koexistenz der Kontraste.

Walzer Doloroso

Jerusalem

- 865 000
- 3 Tage
- Israel

Wenn ich dich je vergesse, Jerusalem, dann soll mir die rechte Hand verdorren, heißt es im Buch der Psalmen, Altes Testament. *Die Zunge soll mir am Gaumen kleben, wenn ich an dich nicht mehr denke, wenn ich Jerusalem nicht zu meiner höchsten Freude erhebe.* Allein, das Neue Testament macht es einem bei Gott nicht leicht, dem alten Mahnruf Folge zu leisten: *Jerusalem, Jerusalem, du tötest die Propheten und steinigst die Boten, die zu dir gesandt sind!* Matthäus-Evangelium, Kapitel 23.

Die Via Dolorosa tut mir allein beim Hinschauen schon weh. Die Straße ist schmal und von hochragenden Mauern begrenzt, der Pflasterboden nach 2 000 Jahren glatt gerubbelt wie ein frisch polierter Eislaufplatz. Vor mir prozessioniert eine Touristengruppe, die mit Bauchtaschen, Sportsandalen und polnischen Fahnen in der Hand dem Jesusherrn nachzufühlen trachtet. Mit großen Holzkreuzen auf den Schultern manövrieren sich die Pilger durch das enge Gassengewirr. Start ist jeden Freitag um 15 Uhr bei der Geißelungskapelle am Löwentor. Wer will, kann auch an allen anderen Tagen, gegen ein kleines Entgelt, sein eigenes Monokreuz mieten.

Oh Jerusalem, du Stadt meiner Sorgen, eine große Träne liegt in meinem Auge, schreibt der syrische Dichter Nizar Qabbani Mitte der 20. Jahrhunderts. An manchen Stellen der Via Dolorosa ist rote Farbe an den Mauern angebracht. Ein Katalysator, um noch schneller ins Pilger-erlebnis zu kommen. *Wer wird deine blutigen Wände je wieder waschen?* Nach einer Viertelstunde habe ich die Grabeskirche erreicht. Auf mehreren Stockwerken, wild verschachtelt ineinandergreifend, sind mehr als 30 kleine Kapellen untergebracht, und jede einzelne davon wird von einer eigenen Konfession und Unterkonfession in Beschlag genommen. Hier die Katholiken, dort die Kopten, Armenier, Äthiopier, Syrischen Jakobiner und Griechisch-Orthodoxen. Große Gestalten mit schwar-zen Soutanen und Gold um die Hüften wandern durch die dunklen Katakomben, geben mir mit einer verächtli-chen Spuckgeste zu verstehen, dass ich gerade im Begriff bin, das falsche Jerusalem zu betreten.

Ein Teil der Altstadtgassen ist dunkel, fast ohne Tages-licht, links und rechts von Geschäften und Lagerstollen gesäumt. Wie in einem unterirdischen Tunnelsystem ar-beite ich mich Schritt für Schritt voran, bin in einem Bazar der Bekenntnisse gefangen, halte diese hektische Ruhe um mich herum kaum noch aus. Und dann, die letzten Meter vor der Westmauer, eine Sicherheitskont-rolle mit Röntgenapparat. Qabbani: *Wie hältst du diesen Spannungen nur stand, du Perle aller Religionen?*

In der Via Dolorosa 37, ausgerechnet hier, finde ich Zuflucht. Das Österreichische Hospiz zur Heiligen Fami-lie, oben auf einem Hügel gelegen, umgeben von einem paradiesisch anmutenden Garten, bietet Zimmer und Schlafsäle an. In der Lobby wird gerade der Donauwalzer gespielt. Im Café bestelle ich eine Melange, dazu einen Apfelstrudel mit Schlagobers. »Ja, Jerusalem kann recht intensiv sein, nicht wahr?« Schwester Bernadette weiß, was ich heute durchgemacht habe. »Hier bei uns können Sie jedenfalls wieder zu Kräften kommen für den morgi-gen Tag. Vergelt's Gott!«

Am Ende des Alphabets
Å

- 👤 100
- 🕐 2 Tage
- 📍 Norwegen

Å ist das Ende. Es ist der letzte Buchstabe im norwegischen Alphabet. Es ist das letzte Dorf auf der gebirgigen Inselkette Lofoten. Und es ist das Ende der 880 Kilometer langen, quer durch Lappland an die Fjorde führenden Europastraße E10. »Å ist wirklich das Ende der Welt«, sagt Mailin, sie kommt aus Stavanger, fischt für ihr Leben gerne, verbringt die Sommer am liebsten hier oben auf den Lofoten, »und Å ist so klein und so weit weg von allem, dass ich es als die Hauptstadt vom Ende der Welt bezeichnen würde. Weißt du, was ich meine? Alles, was nach dem Ende kommt, ist nur noch der große, abgründige Strudel von Edgar Allan Poe.« Sie deutet, vorbei an den vielen Holzgestellen, den sogenannten Hjeller, in denen der Kabeljau zum Trocknen hängt und einen beißenden Geruch verströmt, in den Süden. Dort, irgendwo dort vorne, soll der dunkle Poet von seinen dunklen Kräften verschlungen worden sein.

»Plötzlich – sehr plötzlich – nahm der Wirbel deutliche und bestimmte Form an und wurde zu einem Kreis von mehr als einer Meile Durchmesser«, schreibt Poe in seiner Erzählung *Hinab in den Maelström*. »Umrandet war der Wirbel von einem breiten Gürtel schimmernden Schaums; doch nicht der kleinste Teil desselben glitt in den Schlund des schrecklichen Trichters, dessen Innenwand, soweit das Auge es ergründen konnte, von einer glatten, leuchtenden und kohlschwarzen Wassermauer gebildet wurde, die sich in einem Winkel von etwa fünfundvierzig Grad zum Horizont hinneigte und sich in schwingender, schwindelnder Rastlosigkeit im Kreise drehte und dabei so eine fürchterliche, kreischende und heulende Stimme gen Himmel sandte, wie sie selbst der mächtige Niagarafall in seiner Todesangst nicht hervorbringt.«

Vorne in der Bucht liegt das Tørrfisk-Museum, ein roter Holzbau mit getrockneten Fischen an der Fassade. Das Gebäude, das die gesamte Fischereigeschichte erzählt, ist das größte Haus in Å. 20 Jahre lang war Steinar Larsen Trockenfisch-Exporteur, er kennt das Fischerleben von der Pieke auf. Heute leitet er das Museum sowie die gleich daneben im Wasser stehenden, auf Stelzen errichteten Rorbuer, die rund hundert Jahre alten Ruderbuden, die er an Touristen vermietet. »Früher war Å ein richtiger Fischerort, und die Rorbuer wurden als Fischerhaus und Geräteschuppen genutzt«, sagt Steinar, Bart, eckige Brille, die Weisheit eines protestantischen Pfarrers verkörpernd, »doch die Zeiten und die Fischerboote haben sich geändert. Heute leben wir vor allem vom Tourismus. Die großen Hurtigruten-Kreuzfahrtschiffe fahren bis Svolvær, und dann kommen die Besucher mit den Bussen zu uns. Wegen des Stockfisch-Museums, wegen Edgar Allan Poe, wegen der weißen Nächte im Sommer. Dann geht es hier zu wie in einer Großstadt.«

Es ist der 21. Juni, Sommersonnenwende, kurz nach Mitternacht. Die Sonne steht im Norden, hüllt Å in ein warmes, goldenes Licht. Ich sitze auf der Terrasse vor meiner rot glühenden Rorbua, mache ein paar Notizen ins Buch. *Die Nacht wird hier zum Tag. Den Tag macht Edgar dafür zur Nacht. Å ist das Ende des Alphabets und das Ende der Welt. Es stinkt nach Tørrfisk.*

Von Mäusen und Menschen
Celebration

- 7500
- 6 Stunden
- Florida, USA

»How you doin' today? How can I help you, sweetheart?«
Die Market Street Gallery, ein hübscher Trödelladen in
der 605 Market Street, eine ziemlich hohe Hausnummer
für eine gerade mal hundert Meter lange Straße, denke
ich mir, ist bis oben hin voll mit Hochzeitstellern, Nuss-
knackern und Porzellanpuppen. »Something about Celebration, that's what you are looking for, let me see ... Oh,
you mean a book!« Und dann ein tiefer, molliger Seuf-
zer: »Oh, I'm sorry ...« Bücher, sagt Norma, die hätte es
da drüben gegeben, in der Front Street, Reading Trout
Books, das war ein schöner Laden, aber die haben leider
zugesperrt, jetzt ist ein Hundefriseur eingezogen.

Celebration im Südosten von Orlando, Interstate 4,
nur wenige Meilen von der Walt Disney World entfernt,
ist ein utopisch anmutendes Retortenstädtchen aus der
Feder des Trickfilmkonzerns Disney. Rot gepflasterte
Gehsteige, Laternen wie aus dem Märchenland, aus den
Lautsprechern in der Downtown dringen idyllische Kla-
vierklänge, und der Wasserturm in der Celebration Avenue ist so gut gemacht, dass man fast glauben könnte, er
sei echt. Die Stadt wurde 1994 gegründet, als Zuflucht-
smodell für alle jene, die sich gerne in Sicherheit und
Konformismus wähnen. Überall sind Überwachungskameras, täglich rückt ein sogenanntes Compliance-
Team aus, um in den Straßen und Vorgärten nach dem

Rechten zu sehen, und der erste Mord, erst unlängst, sagt Norma, »der hat uns alle erschüttert …«.

Wer in Celebration wohnen möchte, der muss sich den Spielregeln der Maus unterordnen. Und auch jenen des heutigen Betreibers, der New Yorker Lexin Capital LLC. Im *Celebration Pattern Book*, einer Art Bau- und Benimmbibel, ist ganz genau festgehalten, in welcher Farbe das Haus zu streichen ist, wie hoch der Rasen gemäht sein muss und wie die Vorhänge und Gardinen auszusehen haben. Ist das Unkraut entfernt? Ist der Zaun wieder repariert? Ist die Fassade, nachdem die Südseite so stark ausgeblichen war, nun endlich wieder frisch gestrichen? Ich muss an Jim Carrey und *Die Truman Show* denken. »Die Familien, die Celebration zu ihrem Wohnort erkoren haben, sind die Ersten, die ein Leben im Zeichen der Marke führen«, schreibt die kanadische Journalistin und Globalisierungskritikerin Naomi Klein in ihrem Buch *No Logo*.

»Ach, Schätzchen! Es haben schon so viele Leute böse über uns gesprochen, aber die Kritik lässt mich inzwischen kalt«, sagt Kathy Carlson. Die Immobilienmaklerin macht einen sympathischen und sehr kompetenten Eindruck, ich tue mir schwer, ihre Worte und ihren Auftritt miteinander in Einklang zu bringen. »Doch es ist gut, hier zu leben! Die Stadt ist fußgängerfreundlich und sehr sicher, es gibt viele Kirchen, einen hübschen See in der Mitte, eine wunderbare Atmosphäre auf den Straßen und einen really, really ausgeprägten Gemeinschaftssinn, der uns alle verbindet, weil jeder weiß, was der andere will.« Kathy kriegt ganz feuchte Augen. »Erst unlängst hat die Community einer älteren Lady zum 100. Geburtstag ein elektrisches Vierrad geschenkt. Jetzt kann sie endlich wieder aktiv am Alltag teilhaben. Das gibt es nur in Celebration.«

Mein Großvater Apfel
Almaty

- 👤 1,8 Millionen
- 🕐 3 Tage
- 📍 Kasachstan

Obst, Gemüse, Gewürze, Blumen, Hühner, Eier, Schafs-
köpfe, Schweinshaxen, Rindskutteln, Euter, Sauerkraut,
Honigpollen und Churchkhela, wie die aus Georgien im-
portierten, an Haken hängenden Nusswürste in dunkel-
roter Traubensaftkuvertüre heißen. Der Zelionyj Bazar,
der grüne Markt in der Ulitsa Zhibek Zholy, nur wenige
Schritte vom Panfilov-Park entfernt, ist so etwas wie der
Nahrungsmittelpunkt von Almaty. Alles, was die Natur
gegeben oder der Mensch sich genommen hat, ist hier
zu finden. Doch am meisten faszinieren mich die Milch-
und Käsefrauen in ihren weißen Schürzen und weißen
Spitzenhäubchen, die in einer säuerlich gärenden Atmosphäre Butter rühren, Frischkäselab brechen und fetten
Rahm zu Sahne schlagen. Das schlüpfrige Geräusch von
immer fester, immer cremiger, immer zähflüssiger wer-
dender Milch, die zwischen hölzernem Kochlöffel und
blechernem Topfrand langsame Luftblasen nach oben
steigen und in einem müden Bass aufploppen lässt…

Almaty, die Stadt am Fuße des Alataugebirges, ist eine
der wenigen weltweit realisierten Gartenstädte, und das,
lange bevor der britische Stadtplaner Ebenezer Howard
diesen Begriff Ende des 19. Jahrhunderts prägte. Vor lauter Bäumen, scheint es, sieht man manchmal das eigene
Haus nicht mehr. »Umgeben ist es von einem großen
Hof und einem Vorgarten, in dem Flieder und Jasmin

sowie Aprikosen- und Apfelbäume wachsen«, schreibt die kasachische Kunst- und Architekturkuratorin Yuliya Sorokina in ihrem Essay *Das Gespenst der Gartenstadt.* »Im Winter wird es zu einem Märchenhäuschen, umhüllt von schneebedeckten Zweigen, im Frühling blühen die Bäume, Veilchen, Löwenzahn und Gänseblümchen, im Sommer reift das Obst.«

Almaty, Großvater Apfel, riecht süß in diesem September. Die Äpfel und Birnen, die Alma und die Almurt, sind reif. Manchmal fällt ein Stück Obst auf den Gehsteig, bleibt auf einer der sechseckigen, wackelig gewordenen Zementplatten liegen. Neben der Straße verlaufen offene Wassergräben, vielleicht einen Dreiviertel Meter breit. Die sogenannten Aryk bringen das Wasser aus den Bergen in die Stadt. Die waagrechten Ost-West-Straßen sind die leisen, mit einem sanften, sinnlichen Plätschern nur, die von Süden nach Norden bergab führenden Alleen jedoch, begleitet von eiskalten, reißenden Gebirgsbächen, sind jene, die der Gartenstadt ihren so nassen, gartenstädtischen Klang verleihen.

Unter dem blauen Firmament riechen die Gärten nach frischem Honig, der Wind fegt durch die Blumen meiner jungen Stadt Alma-Ata, lautet eine Walzerhymne aus den Sechzigerjahren. In der Nacht wird der Verkehr still, das Wasser immer lauter. Auf der Kabanbai Batyr Köşe, schräg vis-à-vis vom Abai-Opernhaus (ein Schild vor dem beleuchteten Springbrunnen, *Şomiluga ruqsat zhoq,* Baden Erlaubnis nein), liegt ein Gewirr aus Gewächspavillons und Blumengeschäften, *Euro Flowers* schreibt man, Jewro Flawas sagt man. Um Mitternacht fahren die Autos rechts an den Straßenrand, bleiben stehen. Männer steigen aus, um für ein paar tausend Tenge noch einen letzten Blumenstrauß für heute zu kaufen. Ach, Großvater Apfel! Ich will in diese Stadt hineinbeißen.

Das Tor zur Hölle
Manila

- 12,9 Millionen
- 1 Woche
- Philippinen

Die Straße ist gesäumt von Krücken, Rollstühlen, Rollatoren, eingeschweißten Leibstühlen und alten, ausrangierten Krankenhausbetten mit Aufrichthilfen und verrosteten Infusionshaltern. Die Avenida Rizal ist ein fast sieben Kilometer langer Horror, der sich vom Pasig River neben der Altstadt bis in die nördlichen Ausläufer der Nachbarstädte Caloocan, Malabon und Valenzuela erstreckt. Es hat den ganzen Tag geregnet, und unter den Trassen der LRT, der Light Rail Transit, oder der MRT, der Mass Rapid Transit, das weiß niemand so genau, hat sich wieder mal das Wasser in der Gosse gesammelt. Die Sonnenstrahlen finden nur selten den Weg hier hinunter in die Abgründe des Smogs und des Schattens.

Früher verlief hier eine attraktive Einkaufsstraße, früher in den Siebzigerjahren, doch mit dem Bau der Stadtbahn fielen die Gewerbepreise in den Keller, und die Modeboutiquen sind neonbeleuchteten Geschäften gewichen, die sich vor allem auf Pflege- und Krankenhauszubehör spezialisiert haben. Das Spital ist nicht weit. Untertags werden die zum Verkauf stehenden Objekte auf die Straße hinausgeschoben, in die Pfützen und in die Scheiße. Was ist schon Hygiene gegen das nackte Überleben.

Am Kreuzungspunkt der beiden LRT-Linien 1 und 2, direkt neben den beiden Hochstationen Doroteo José und

Avenida Recto, scheint das *Tor zur Hölle*, wie Dan Brown die philippinische Hauptstadt in seinem 2013 erschienenen Roman *Inferno* benennt, besonders nah. Hinter den zehn Meter hohen Mauern der Oroquieta Road befindet sich das chronisch überfüllte Manila-Staatsgefängnis, das regelmäßig auf BBC und CNN zu sehen ist. Und man weiß nicht, welches Leben grausamer ist, das innerhalb der Mauern oder jenes ringsum. Direkt neben der Straße wächst eine Slumsiedlung in die Höhe, ein übereinandergestapeltes, mehrgeschoßiges Hochregal mit nicht einmal sitzhohen Etagen. Tausende von Menschen leben auf diese Weise am seit Jahren einsturzgefährdeten Saum zwischen Freiheit und Gefangenschaft. Ein halbnacktes Baby sitzt am Straßenrand und spielt mit Plastikbechern. Ein beißender Geruch von Kadavern.

Imelda Marcos, einst First Lady der Philippinen, besitzt eigenen Angaben zufolge 3 000 Paar Schuhe und Originalgemälde von Michelangelo, Botticelli und Picasso. Heute ist Rodrigo Duterte an der Macht, legalisiert das Töten von Drogensüchtigen, gibt seinen eigenen Sohn zum Abschuss frei. Das ganze Land, erzählt man sich, befindet sich im Großgrundbesitz von sechs Familienclans, Gini-Index 54,1, einer der höchsten Werte der Welt. Im Megamoloch Manila verdichtet sich die Ungleichheit und wird System.

Der Waggon ist komplett überfüllt. LRT-Station Central Terminal. Die Türen öffnen sich mit einem lauten Knall. Nach Intramuros sind es nur wenige Meter. Der Weg in die historische Altstadt führt, auf Steinbrücken und Stegen enthoben, über eine idyllische Grünfläche, die sich wie ein samtiges Hufeisen um die alte Stadtmauer schmiegt, mit unzähligen Teichen, mit Hügeln, mit Löchern. Die Jahresmitgliedschaft im Intramuros Golf Club kostet eine Million Dollar.

Die Stadt zwischen den Welten
Genua

- 590 000
- 4 Tage
- Italien

Auf den ersten Kilometern ist Genua ein schwarzes Labyrinth, das einem gute Scheinwerfer und einen ebenso guten Orientierungssinn abverlangt. Durch kurvige Tunnels fahre ich in die Stadt hinein, ab und zu schießt ein
fahler Lichtkegel von oben auf die Straße. Das unterir-
dische Genua ist ein betoniertes Gesamtkunstwerk, das
die halbe Stadt unter ihrem Fundament aushöhlt und an
mehrgeschoßige, in die Tiefe gegrabene Garagenregale
und sich um die eigene Achse schraubende Autobahn-
ausfahrten andockt. Ich verliere jedes Gefühl für Position und Höhenlage (ein kurzer Blick auf das Meer), und
mit jedem zurückgelegten Meter (eine halbe Sekunde
Himmel) verwandelt sich Genua (ein Stück Palazzo, vielleicht die Rückseite) in einen mich atemlos machenden
Termitenhügel, in dem die Grenzen zwischen oben und
unten, zwischen vorne und hinten, zwischen oberirdisch
und unterirdisch mehr und mehr verschwimmen.

Genua ist ein Ort der Sehnsucht – der wirtschafts-
politischen (Seefahrergroßmacht, Serenissima Repub-
blica di Genova, G8-Gipfel 2001), der ingenieursmäßigen
(Brücken, Tunnels, Ascensore Montegalletto mit verti-
kalen und horizontalen Schächten) und der kulturellen
(Katharina von Genua, *Simone Boccanegra* von Giuseppe
Verdi, *Genova* mit Colin Firth in der Hauptrolle, 2008
erschienen, Sieger bei den Filmfestivals Tallinn und San

Sebastián). Joe hat seine Frau bei einem Autounfall verloren, fährt mit seinen beiden Töchtern Mary und Kelly nach Genua, wo er eine Dienststelle als Universitätsprofessor annimmt. Immer wieder taucht in den dunklen Gassen der Geist der verstorbenen Marianne auf. In der 22. Minute verlaufen sich die Mädchen. In der 57. liegt eine tote Ratte vor dem Haus. In der 67. folgt die Kamera der Vespa durch das nächtliche Tunnellabyrinth.

»Und der schnelle Übergang aus einer Straße mit stattlichen Gebäuden in ein Labyrinth voll des abscheulichsten Schmutzes, wo ungesunde Gerüche herrschen und Schwärme von halbnackten Kindern und Scharen von schmutzigem Volk sich drängen«, schreibt Charles Dickens in seinen *Bildern aus Italien* 1846, »alles das zusammen bildet eine so wunderbare, so märchenhafte Welt, so lebhaft und doch so tot, so lärmend und doch so ruhig, so aufdringlich und doch so scheu und düster, so hellwach und doch so fest im Schlafen, daß es eine Art Rausch für den Fremden ist, hier weiter und weiter zu gehen und sich hier umzuschauen.«

Am märchenhaftesten ist die Straßenkreuzung Via 20 Settembre (Unterstadt, Einkaufsstraße, laut und dunkel) mit dem Corso Andrea Podestà (Oberstadt, ein grünes Paradies, entrückt und luxuriös). Die so prächtige Brücke (oder doch ein Tunnel?), die sich wie ein Triumphbogen zwischen die Welten stemmt, macht den Wahnsinn dieser Stadt unmittelbar greifbar. Das Haus Nummer 20, Ristorante Zeffirino, ist ein siebenstöckiger Bau im Dauerschatten der Unterstadt. Oben auf dem Dach, achter Stock, ein kleiner Steg, befindet sich ein Parkdeck für die Oberstadt. Charles Dickens: »Eine verwirrende Phantasmagorie, mit der ganzen Zusammenhanglosigkeit eines Traumes und mit all der Qual und mit all der Freude ausschweifender Wirklichkeit!«

Spekulatius mit Zuckerguss
Sana'a

- 2,9 Millionen
- 1 Woche
- Jemen

Hallo! Wie viel kostet die Kaffeekanne? Der Verkäufer, seine linke Backe so groß wie ein Luftballon, sein Blick stumpf und leer, schaut mich regungslos an. Ich wiederhole meine Frage. Kama? Kam yakalf? Das Gespräch gestaltet sich einseitig, ich beschließe, es woanders zu versuchen, doch der Erfolg wird, auch dort, wortlos und bescheiden sein. Auf dem Souk al-Nahaas, dem zentralen Kupfermarkt in der Altstadt, wo am Vormittag noch über offenem Feuer Werkzeug geschmiedet wurde, wachsen den Männern ab Mittag bedrohlich wirkende Beulen aus dem Gesicht. Je größer der Wulst in der Backe, desto friedvoller der Blick. Jemanden in diesem Zustand nach dem Weg zu fragen oder gar den Preis zu verhandeln, ist ein aussichtsloses Unterfangen.

»Hast du denn noch gar nichts gelernt in Sana'a?«, fragt mich Nagi Muthana. Er kommt gerade aus dem Teesalon, in seiner Hand ein Drahtgestell mit frischen Getränken, Kardamomtee mit Kamelmilch. »Wenn die Männer Qat kauen, so wie ich gerade, dann sind sie im Amphetaminhimmel, dann wandeln sie ganz langsam durch ein Paradies der Sorglosigkeit, und du kannst von ihnen haben, was du willst.« Qat ist teuer, der Anbau verbraucht verdammt viel Wasser, und mit jedem drogenkonsumierenden Menschen verfällt die Stadt am Nachmittag mehr und mehr in apathische Lethargie. In gewisser Weise, habe ich das Gefühl, dekonstruiert sich die Wirtschaft dieses Landes ganz von allein. Nagi reicht mir ein Büschel der frischen, bitteren Blätter. »Nimm!«

Wie waren die Menschen, damals vor 900 Jahren, in so einem Zustand nur in der Lage, diese Stadt zu bauen? Sana'a ist ein Stein gewordener Traum aus tausendundeiner Nacht. Alle paar Meter ragt ein sechs- bis siebengeschoßiges Hochhaus in den Himmel. Die weißen Tür- und Fenstereinfassungen aus Qadat, einer mit Wasser angesetzten Mischung aus Kalk, Rinderfett und gemahlenen Knochen, versiegeln die Oberfläche und schützen vor eindringendem Ungeziefer. Die Bitterstoffe lösen sich langsam auf … Ein mit Seilen und hölzernen Stöcken eingespanntes Kamel geht im Kreis spazieren, dreht einen zwei Meter großen Mahlstein, in dem gerade Sesamöl gepresst wird. Daneben, hmmm, verläuft die Al-Saylah, eine tiefergelegte Straße mit Böschungsmauern und steil nach oben führenden Ausfahrten. In der Regenzeit … als ob es hier jemals regnen würde! … wenn das Wasser von den Bergen stürzt, verwandelt sich die Schnellstraße für ein paar Wochen in einen beißenden, in einen reißenden, in einen schmeißenden Strom, der die Stadt in zwei Hälften, in die eine und in die zweite, in zwei Hälften also teilt. Dann rauscht es. Und wie es jetzt rauscht! Die Skyline von Sana'a sieht aus wie süßer Lebkuchen.

»Wie sie das geschafft haben? Wie sie was geschafft haben? Ah, das meinst du! Eine sehr gute Frage«, sagt Nagi, immer weiter kauend. »Damals gab es noch keinen Qat. Heute gibt es Qat. Ich glaube, Jemen ist das einzige Land, in dem sich die Uhrzeiger, nicht nur politisch, in die entgegengesetzte Richtung drehen.« Die Skyline von Sana'a … »Vor 900 Jahren waren wir in der Zukunft. Heute sind wir im Mittelalter. Das ist leider die Wahrheit.« … sieht aus wie Spekulatius mit Zuckerguss.

Mein kleiner Otto

Baia

- 0
- 83 Minuten
- Italien

Ich sitze auf der Gartenbank, ein heller Stein, vielleicht Marmor, allerfeinst gearbeitet, ionische Ornamente an den Beinen, dürfte schon seit vielen Jahrhunderten hier stehen, fühle mich heute leicht und unbeschwert, und trotzdem wirkt jede einzelne Bewegung irgendwie träge, gedämpft, wie in Zeitlupe. Vor mir eine Straße, gepflastert mit Millionen, mit Abermillionen Mosaiksteinchen, schwarz-weiß, in Rahmen, in Sechsecken, in geschwungenen Bordüren. Ein paar Tierchen krabbeln am Boden, von oben glitzern goldene Sonnenstrahlen in den Garten herein, werfen stumpfe, tanzende Lichtkegel ins Gras und ins Gebüsch, es ist totenstill um mich herum, ich höre nichts als meinen eigenen Atem, ab und zu nur ein nasses Plätschern, als plötzlich in schleichenden Bewegungen ein Oktopus über die Straße geht.

Ja, was machst du denn da? Kleines, süßes, mich beglückendes Ding! Steigt mit einer einzigen Bewegung nach oben, stülpt seinen winzigen Körper ein paarmal ein und aus, schwimmt zu mir herüber und setzt sich, zielsicher, als hätte er nichts anderes als diese eine gesucht, auf meine linke Hand, umklammert mit seinen acht Fangärmchen meinen Handrücken, meine Finger, saugt sich fest und schaut mich an. Otto, ich denke, er heißt Otto, ist ein Curly Octopus, oder vielleicht auch nur ein kleiner Baby Vulgaris, wer weiß das schon. Immer wieder löse ich seine Fangarme von meiner Hand, immer wieder saugen sich die drei, vier, fünf Tentakel, sobald ich bereits beim sechsten, siebten, achten bin, beharrlich wieder fest.

Einst war Baia, 15 Kilometer westlich von Neapel gelegen, die zu Pompeji gehörende Hafenstadt. Claudius und Caligula, Nero und Hadrian nahmen hier zeitweilig Aufenthalt. Der Dichtkunst überdrüssige Zeitgenossen wie Ovid, Cicero, Horaz, heißt es, nutzten die Thermalbäder von Baia zur geistigen und körperlichen Erholung. Modernste Kanalisation, aufwändig gestaltete Straßen und prächtige Villen- und Gartenanlagen zeugen von diesem alten Erbe. Heute liegt die halbe Stadt unter Wasser. Vertikale Bewegungen der Landmasse, eine Folge der vulkanischen Aktivität auf den Campi Flegrei, auch bekannt als bradyseismisches Phänomen, wie ich später erfahren werde, sorgten dafür, dass Teile des antiken Ortes um 300 nach Christus abrutschten und fünf bis zehn Meter unter der Wasseroberfläche des Golfs von Neapel zum Liegen kamen. Baia ist ein ertränktes, ein in Wasser eingelegtes Stück römischer Geschichte.

Ich sitze also auf der Gartenbank, auf der einst, wer weiß, vielleicht Kaiser, Adelige, Handelsleute saßen, auf meiner Haut fünf Millimeter Neopren, auf meinem Rücken eine Pressluftflasche, in meinem Gesicht eine Maske, und spiele mit Otto. Die nächsten 30, 40 Minuten wird mich Otto als Taxi missbrauchen, festgesaugt an meiner Hand, um von der Villa Protiro einige hundert Meter weiter, vorbei an mit Algen und Seegras bewachsenen Gartenmauern, über Brücken und Kanäle schwebend, durch etliche Torbögen hindurch, vorbei an römischen Jünglingen, schließlich rein ins Gehöft, direkt in die Villa Pisoni gebracht zu werden. Zum Abschied sprüht mir Otto, *pff pff*, ein Portiönchen Tinte ins Gesicht.

Es war einmal ein alter Mann
Peking

- 21,8 Millionen
- 3 Tage
- VR China

Ich fühle mich verloren und eingesperrt zugleich. Noch nie im Leben habe ich einen so großen, an seinen Rändern sich fast schon auflösenden Platz gesehen. Zugleich bin ich noch nie zuvor auf so weiten Strecken wie ein Mastschwein durch so enge, beidseits mit Gittern eingefasste Korridore getrieben worden. Alle paar Meter steht ein würfeliger Playmobil-Bus auf der Seite, *Jingcha*, Polizei, *Yidong jing wu shi*, mobiles Polizeiwachzimmer, davor patrouillieren Polizisten in voller Montur, Maschinengewehr in der Hand. Der *Tian'anmen Guangchang*, der Platz des Himmlischen Friedens, ist der größte Platz der Welt. Bis zu einer halben Million Menschen, heißt es, sollen hier zusammenfinden können. So wie damals, im Juni 1989, als das Regime Tausende hier protestierende Aktivisten umbrachte. Ich muss an den Film *Brazil* denken, in dem das Friedensministerium für die Kriegsführung zuständig ist, und an George Orwells *1984*, in dem das Ministerium für Wahrheit die Wahrheit zugunsten der eigenen Partei verdreht.

Als Kind hatte ich mir Peking irgendwie anders vorgestellt. Kleinteiliger, verwinkelter, verdreckter, verstunkener und verruchter. Doch in den letzten Jahrzehnten wurden ganze Stadtviertel planiert, knapp 8 000 alte Tempel abgerissen, Hunderttausende Menschen zwangsabgesiedelt und in die neu geschaffenen Stadtrandviertel verbannt. *Ohne Zerstörung kein Aufbau*, hat Mao Tse Tung einmal gesagt. »Das oberste stadtplanerische Ziel ist, den Reichen zu ermöglichen, in die Stadt zu kommen, und die Armen nach draußen abzudrängen«, sagt der Immobilientycoon Ren Zhiqiang heute.

Wo einst Hutongs waren, kleinteilige, verwinkelte, verdreckte, verstunkene und verruchte Wohnviertel, haben Architekten aus aller Welt an der zweiten, dritten und vierten Ring Road nun politische und wirtschaftliche Machtdenkmäler hingesetzt: Rem Koolhaas den CCTV Tower, Herzog & de Meuron das Vogelneststadion, Zaha Hadid das Galaxy Soho, das wie ein weißes Luxus-Ufo neben der Chaoyangmen Ring Road eingeschlagen hat. »Früher war Peking eine kauernde Stadt. Sie lag da wie ein alter Mann, der endlos Geschichten erzählt«, schreibt der Pekinger Schriftsteller Xu Xing in seiner Novelle *Sterne, zum Greifen fern*. »Das heutige Peking hat sich aufgerichtet. Als hätte sie eine Dosis Viagra geschluckt, erigiert die Stadt Stück für Stück und ragt immer höher empor. Das ist ja hübsch anzusehen, doch scheint Viagra schlecht fürs Herz.«

Peking ist ein Viagramonster. Die erste Ring Road misst 17 Kilometer im Umfang, die zweite 32, die dritte 48, die vierte 65, die fünfte 98, die sechste 220 und die siebte Ring Road sogar 924 niemals endende Kilometer. Ich habe Sehnsucht nach etwas Kleinteiligem, Verwinkeltem, Verdrecktem, Verstunkenem und Verruchtem, lasse mich mit der Rikscha nach Shichahai und Di'anmen, in die letzten noch existierenden Hutongviertel bringen. Hier finde ich das Peking, das ich so lange gesucht habe. Am Abend lese ich im *Lonely Planet*, in einem Moment globaler Vereinsamung, dass in immer mehr Hutongs die Häuser abgerissen und für die Touristen wieder neu aufgebaut werden.

Erster, erster, erster Stock
Hongkong

- 7,6 Millionen
- 2 Wochen
- VR China

Erste Rolltreppe hoch, zweite Rolltreppe hoch, über die Fußgängerbrücke ins gegenüberliegende Haus hinein, dritte Rolltreppe hoch, hinauf zum Upper Ground Level, den Gang entlang bis zur Mall, es riecht nach Calvin Klein, nach CK One, um genau zu sein, noch eine Rolltreppe, schon wieder ein Upper Ground Level, über den verglasten Steg ins nächste Haus hinein, es riecht nach Limette und Lavendel, jeder erste erste Stock riecht anders, mal frisch, mal herb, mal blumig, Scent-Branding nennt sich das künstliche Parfümieren im Fachjargon, wenn der Orientierungssinn schon nicht mehr weiß, in welchem der vielen ersten Stöcke man gerade ist, die wie eine Stufenpyramide den Hang hinaufklettern, immer weiter und weiter, dann also zumindest die Nase, noch eine Rolltreppe, noch ein letztes Mal hinauf in den ersten Stock, irgendwo da müsste er sein, der Central Mid-Levels Escalator, abwarten bis kurz nach zehn, hat sie geschrieben, wenn alle Angestellten vom Berg in die Stadt hinuntergefahren sind, dann wird die Fahrtrichtung geändert, und ich kann, ein paar hundert Meter nur, mit der Rolltreppe bis direkt vor die Haustüre fahren.

»Hallo!« Iris Yau, langes, schwarzes Haar, blonde Strähne, wirkt viel jünger, als ich sie mir vorgestellt habe. Sie ist 19, vielleicht 20 Jahre alt. »Das geht echt schnell, oder? Mit dem Taxi hättest du ewig gebraucht, vor allem jetzt, wo die halbe Stadt besetzt ist. Also, was willst du mich fragen?« Iris ist Studentin und eine der Fädenzieherinnen von *Occupy Wall Street* in Hongkong, sie organisiert die Proteste mit und dirigiert die Besetzer mit ihren Zelten und Schlafsäcken an die entsprechenden Orte in der Stadt. Sie selbst hat auch schon einige Tage unter Norman Fosters HSBC-Building übernachtet, aber heute, 30. Oktober 2011, wollte sie endlich mal duschen und sich einen halben Tag freinehmen.

Protestiert wird überall. Nicht nur auf der Straße, sondern auch auf den Brücken und Walkways, die die ganze Innenstadt wie ein im ersten Stock hängendes, Häuser, Straßen und Shoppingmalls durchdringendes Spinnennetz durchweben. Egal, wo man gerade ist, man ist immer im ersten Stock. Sogar in den Doppeldecker-Tramways, die wie wackelnde Schränke durch die Downtown fahren. »Erstens gibt es in Hongkong kaum noch Platz, und zweitens weißt du in dieser Stadt sowieso nie, wann du dich im öffentlichen Raum und wann auf einem Privatgrundstück befindest. Hongkong Central ist eine dreidimensionale Matrix ohne Boden.«

Am Nachmittag spaziere ich wieder hinunter nach Central. Es riecht nach Chicken Adobo. Auf den offenen, luftigen Walkways, erster Stock über der Rumsey Street, sitzen Hunderte philippinische Frauen auf dem mit Pappkarton ausgelegten Boden. Sie tratschen, picknicken und kämmen sich die Haare. Es sind Hausangestellte und Bedienstete, die heute, Sonntag, frei haben und sich mit ihren Freundinnen und Kolleginnen in der Stadt treffen. »Wo sollen wir denn sonst hin?«, sagt Emilyn. »In Hongkong ist ja nirgendwo Platz! Normalerweise treffen wir uns unter dem HSBC-Building, aber da sind jetzt die Typen von der Wall Street. Aber was soll's, hier ist die Aussicht eh viel schöner.«

Pyjama Baby
Shanghai

- 24,2 Millionen
- 8 Tage
- VR China

Kaum schlage ich morgens die Augen auf, denke ich, dass ich etwas Aufsehenerregendes, Gigantisches tun möchte, und die Vorstellung, eines Tages wie ein farbenprächtiges Feuerwerk mit lautem Getöse in den Himmel über der Stadt aufzusteigen, ist so etwas wie ein Ideal von mir geworden, ein Grund weiterzuleben, sagt Coco, die Hauptfigur in *Shanghai Baby*. Wei Huis Roman, 1999 erschienen, wurde von offizieller Seite als Provokation empfunden, die Autorin als »liederliche Sklavin ausländischer Kultur« bezeichnet. *Das hat viel damit zu tun, dass ich in einer Stadt wie Shanghai lebe.*

Shanghai, Stadt am Meer, Tor zur Welt, Paris des Ostens, Perle des Orients, Drachenkopf-Metropole, ist die Verdichtung der ganzen Welt an einem einzigen, wenn auch gigantisch großen, 24 Millionen Menschen fassenden Punkt am Huangpu. Vor mir fahren 25, vielleicht 30 Meter lange Schiffe auf und ab, den ganzen Tag, die ganze Nacht, eine riesige LED-Maschine auf Deck, einmal nach Backbord, einmal nach Steuerbord ausgerichtet, und die einzige Aufgabe dieser Kähne besteht darin, den grauen Smoghimmel zu durchschneiden und Werbebotschaften in die Welt hinauszufahren. Sony, Samsung, Huawei, Toyota, Tsingtao, Absolut Vodka, Baidu, Alibaba, Bank of China, DHL, Gucci, Prada und Louis Vuitton. Dazwischen immer wieder *Welcome to Shanghai!*

»Hell, nicht wahr?« Gu, die Frau mit den Sommersprossen, ist eine Begeisterte dieser Stadt, ein Shanghai Baby durch und durch. »Aber noch mehr als das Helle mag ich das Hohe. Schau die Skyline! Hinter Huangpu kann man schon die Wolken kratzen sehen!« Der Shanghai Tower, 121 Stockwerke, 632 Meter, ist das zweithöchste Gebäude der Welt. »Ein chinesisches Wort spricht: In Peking kann man alles reden, in Hongkong kann man alles essen, in Shanghai kann man alles machen.«

Die meisten Autos fahren in der Nacht ohne Licht, wozu auch, es ist hell. Auf den Straßenkreuzungen stehen ältere Menschen, 70 oder 80 Jahre alt, und regeln den Verkehr. Mit den Oma-Opa-Jobs, sagt Gu, können sie sich etwas Geld zur Pension dazuverdienen. In der U-Bahn-Station Renminbi Square, auf dem Weg zum neuen Südbahnhof, wird man von den U-Bahn-Drückern mit aller Wucht in den Waggon hineingequetscht. Der Südbahnhof, elf Kilometer später, ist ein rundes Gebäude mit 230 Meter Durchmesser. Die Wachmänner fahren mit kleinen Elektro-Scootern durchs Haus. Shanghai hat das älteste Trolleybus-System der Welt und den schnellsten Flughafenzug auf dem ganzen Planeten. 431 km/h. *Der Hochgeschwindigkeitszug des Lebens fährt pfeifend durch die moderne, epische Stadtlandschaft und verliert sich in der Ferne.* Shanghai Baby.

»Das ist Zukunft«, sagt Gu, mit einem Strahlen im Gesicht. »Aber in einem Punkt bleibt Shanghai Vergangenheit. Schau die Menschen!« Es ist 22 Uhr. Nach dem Duschen, vor dem Schlafengehen drehen die Menschen eine letzte Runde auf der Straße, schlendern Hand in Hand durch den Park, setzen sich für ein paar Minuten auf die Bank. Sie tragen, was die Regierung schon seit Jahren zu bekämpfen, aus dem Stadtbild zu verbannen sucht, bislang vergebens, sie tragen Pyjamas.

Alya mit dem kastanienfarbenen Haar
Al Buraimi

- 👤 68 000
- 🕐 1 Abend
- 📍 Oman

Al Buraimi ist eine der wahrscheinlich langweiligsten Städte der Welt. Die omanische Grenzstadt besteht aus Sand, Staub und Straßen. Auf Tripadvisor wird unter den besten Sehenswürdigkeiten der Oasenstadt das benachbarte Al Ain angeführt, das weitaus größere und weitaus interessantere Pendant auf Boden der Vereinigten Arabischen Emirate. Besonders gut schneiden dort die Shops, Cafés und Restaurants ab. »Irgendwie traurig, oder? Aber warte nur ab! Gleich geht die Sonne unter, und dann wirst du schon sehen, warum Tripadvisor lügt.« Geduld, Geduld, Geduld.

Jaafar führt ein kleines, mit kalten Neonröhren beleuchtetes Teehaus im Zentrum von Al Buraimi, nur wenige Schritte von der Grenze zu den Emiraten entfernt. Von einem Eintrag auf Tripadvisor kann der kleine Mann hinter der Theke nur träumen. »Buraimi hat nicht viel zu bieten. Alles, was spannend ist, ist drüben in Al Ain. Was willst du schon erwarten von einer Stadt, die ihre eigene Existenz einerseits der Wüste, andererseits ihrer viel größeren Nachbarstadt abringt? Aber immerhin haben wir Wasser und Strom. Das ist das Wichtigste.« Die Uhr an der Wand zeigt Viertel nach fünf. In wenigen Minuten geht die Sonne unter. »Da, schau, jetzt! Die Stadt beginnt zu leben!« Ich nehme einen letzten Schluck Tee. Das Abwarten hat ein Ende.

Auf einen Schlag verwandelt sich die staubig beige Stadt in eine einzige Lichtreklame. Al Buraimi, das ist wie ein kleiner Times Square, reduziert auf ein drei Meter hohes Lichtband im ersten Stock. Es ist, als würden Pepsi, Pampers und Panasonic ineinanderfließen und sich wie eine unendliche Möbius-Schleife um die gesamte Innenstadt wickeln. Das darunterliegende Erdgeschoß verschwindet im Halbschatten, der darüberliegende Himmel ebenso. Ganz oben ist der Mond zu sehen. Im Oman liegt der Halbmond auf dem Rücken, sieht aus wie eine Schüssel voll Licht.

Die Omani, so scheint es, haben einen Schönheits- und Sauberkeitsfimmel. Liegt das am Wüstensand? Der Großteil der leuchtenden Reklameschilder widmet sich der Hygiene und Kosmetik, den Seifen, Cremes und Parfums, den Zahnpasten, Lippenstiften und Haarshampoos, den Färbemitteln, Haar-Extensions und glitzernden Gelnägeln, der Welt von Colgate, Gillette und L'Oréal. Jaafar hat ein Lieblingssujet. »Siehst du die Frau da drüben im ersten Stock mit dem kastanienfarbenen Haar? Das ist Alya, eine Freundin von mir, sie lebt in Abu Dhabi.« Jaafar lacht, erzählt mir eine Anekdote. »Manchmal ruft sie mich an und sagt: Jaafar, wir haben uns schon so lange nicht mehr gesehen! Und dann sage ich: Stimmt nicht, ich sehe dich jeden Abend!«

Früher, als der Grenzverlauf noch weit drinnen im Oman lag und Al Buraimi und Al Ain ein zusammenhängendes Stadtgebilde waren, haben sich Alya und Jaafar öfter gesehen. Doch seit dem 16. September 2006 ist alles anders. Mitten durch die Stadt verläuft ein Zaun mit Nato-Stacheldraht und patrouillierenden Polizisten. Seitdem ist Al Buraimi nur noch ein Durchfahrtsposten, eine billige Einkaufsoase, ein Sopron der Scheiche. Und L'Oréal so wichtig wie Jaafars Telefon.

Die alte Lady aus St. Märklin
St. Moritz

- 5 200
- 2 Tage
- Schweiz

»Grüezi wohl!« Grüezi, und plötzlich liegen sie da, drapiert zu einer Drei-Klassen-Gesellschaft en miniature. In der Holzkiste links lauert die gemeine Supermarktkartoffel, ungeputzt und mit letzten Resten von Erde, 1,90 Franken das Kilogramm. In der weißen Emaille-Schüssel in der Mitte ruht die Nobelvariante, gewaschen und gezupft, 2,90 Franken das Kilo. Rechts schließlich, 5,90 Franken auf der Waage, glitzert die Luxusversion, die Damien Hirst unter den Grundbirnen, in glänzende Goldfolie gewickelt, glatt gerubbelt und in weiße Damastservietten gebettet.

It is a mistake to think you can solve any major problems just with potatoes, schreibt der britische Schriftsteller Douglas Adams. Er muss es wissen, er ist schon per Anhalter durch die Galaxis gereist. Und St. Moritz hat ein verdammt großes Problem. Alles ist perfekt inszeniert, das Trottoir wirkt wie mit der Zahnbürste geputzt, die Almwiesen scheinen auf zwei Zentimeter exakt herunterrasiert, gerade wird wieder einmal ein Rasenmäher angeworfen, im dramatischen Schritttempo rollen ein Maserati durch die Via Maistra, ein Bentley durch die Via dal Bagn, um im Konvoi jeden Versuch einer nicht materiellen Sozialisation unter sich zu begraben. Je größer die Symbole, umso kleiner, umso unwirklicher wird die sie umgebende Welt.

Badrutt's Palace, Via Serlas. Ein fetter Rolls-Royce Phantom, das Auto mit den hinten angeschlagenen Türen, die Karosserie schwarz und silbrig glänzend, fährt vor dem Hotel vor. Eine alte Lady mit Hut, Hund und Hostesse steigt aus. Sie betritt die Lobby, passt gut ins Ambiente der hier Platz genommenen Hautevolee mit ihren Haarimplantaten, aufgespritzten Lippen, klein gemachten Nasen, chassidischen Perücken und den sich abzeichnenden Klunkerkonturen unter dem Tschador. Alles ist in Goldfolie gehüllt. Geld kann beklemmend sein. Und mit jedem Blick in die Abgründe des Reichtums schrumpft St. Moritz, diese kranke Minimetropole in den Schweizer Alpen, zu einer sich selbst zitierenden Persiflage, zu einem mit der Pinzette gebauten Modelleisenbahnstädtchen, Marke Märklin, im Keller eines kapitalen Verbrechers.

Auf der Rolltreppe hinunter zum Bahnhof. Endlich Abschied. Um 15:02 Uhr fährt die Rhätische Bahn ab. Joaquim Adriano Varela Maneta, Schmalzlocke und Pferdeschwanz, ist der Mann, der mich rettet. Er ist Kellner im alten Speisewagen, einem Holzwaggon aus dem Jahr 1929, hier ist nichts perfekt, hier darf die Feder quietschen, hier darf die Polsterung Flecken und Falten haben. »Ich liebe das Engadin«, sagt er. »Aber mit St. Moritz werde ich einfach nicht warm. Das ist ein eigenartiges Städtchen. Wenn die Leute hinfahren, dann lächeln sie. Und wenn sie wieder wegfahren, dann haben sie so einen Gesichtsausdruck wie du.« Joaquim nimmt die Bestellung entgegen, Bündner Gerstensuppe mit Rahm, streichelt das speckige, abgegriffene Fensterholz, klopft mit der Handfläche auf den Tisch. »Aber das Gute ist, dass mich die alte Lady hier niemals im Stich lässt. Sie ist schon fast 90 Jahre alt, und immer noch ist auf sie Verlass. In zwei Stunden sind wir in Chur.«

O sole di Luca
Venedig

- 60 000
- 2 Monate
- Italien

Madonna, che roba! Neanche diese euro de mancia, sti turisti tedeschi i se proprio tirchi. »Was ist denn heute nur in dich gefahren, Luca? So aufgebracht habe ich dich schon lange nicht mehr erlebt!« Schon schüttet Signorina Elena einen Schuss Weißwein ins Glas, darauf einen Spritzer Soda aus dem Zapfhahn, eine Zitronenscheibe, beugt sich über den Tresen, knallt das Glas auf das hölzerne Pult neben Luca. »Da, nimm einen Schluck, das wird dich beruhigen!« *Cin cin!* »Auf die Crucchi, auf die verdammten Krautköpfe!«

Mi me son roto i cojoni de sta zente. Che i staga a casa loro sti crucchi de merda! »Am liebsten würde ich die alle auf der Stelle heimschicken! Ich meine, kannst du dir das vorstellen? Buchen eine Fahrt bei diesem Sauwetter, dann musst du bei jedem verdammten Palazzo stehen bleiben, dann wünschen sie sich das beschissene *O sole mio*, zum dritten Mal heute schon, als ob irgendwo auch nur ein einziger Sonnenstrahl am Himmel zu sehen gewesen wäre, verstehst du, was ich meine? Und was kriegst du am Ende? Nicht einmal zehn Euro Trinkgeld.«

Ma va in mona! Va cagar tu e i tu morti! Die Trattoria a le Colonete, keine 150 Meter von der Piazza San Marco entfernt, ist der heimliche Treffpunkt der Gondolieri und Hotelangestellten. Während das Lokal bei den Touristen eher unbeliebt ist, füllt sich die Bar zur

Mittagszeit mit uniformierten Männern – goldene Kordeln auf den Schultern, eingestickte Initialen auf dem Revers, Palace Bonvecchiati, Hotel Baglioni, Hotel Kette – und muskulösen Cavalieri mit blau-weiß gestreiften Shirts, die sich als Allererstes, sobald sie das Lokal betreten, ihren Cappello di Paglia vom Kopf reißen. Luca hustet.

»Luca, jetzt beruhige dich und sag mir lieber, was du essen willst!« Luca bestellt Pasta e Fagioli, dazu einen Teller Baccalà mantecato, putzt die kleinen Ditalini in nur wenigen Minuten weg und verschlingt den weißen Stockfisch-Aufstrich, als wüsste er nicht, was für eine Köstlichkeit ihm da aufgetischt wurde. »Na also! Geht doch!« Unter den Fittichen der schönen Elena werden selbst die geplagten und gezeichneten Männer zu braven, artigen Buben, die das tun, was ihnen befohlen wird. »Ich sage dir, diese Stadt ist echt kein Honigschlecken«, sagt Elena, nachdem sich Luca wieder den Cappello aufgesetzt hat und im leichten Nieselregen verschwunden ist, »aber ich weiß schon, wie ich mit meinen Ragazzi umgehen muss, damit es ihnen gut geht. Noch einen Spritz für dich, mein Kleiner?«

Der Regen wird stärker in den nächsten Tagen, der Mond nimmt zu. In der dritten Oktoberwoche schließlich bereitet sich die ganze Stadt auf die Acqua Alta vor. Elena hat ihre Bar geschlossen. Von Luca fehlt jede Spur. Doch dann entdecke ich ihn auf dem Campiello San Moisè, direkt vor dem Hotel Bauer. Mit dicken Handschuhen gewappnet baut er die Passerelle auf, die hölzernen Stege, die die Lagunenstadt in nur wenigen Stunden auf ein spärliches Wegenetz aus dünnen, aus hauchdünnen Linien mit entsprechend wenigen Crucchi reduzieren werden. Mit dem Hochwasser geht in Venedig wieder die Sonne auf. »Ciao, caro! Tutto bene?«

Flirten mit Fat Tony
Provincetown

- 3 400
- 1 Tag
- Massachusetts, USA

Bären, schrieb die *New York Times* vor vielen, vielen Jahren, sind eine subkulturelle Gruppe schwuler Männer, die es lieben, einander am dicken, natürlichen Körperhaar zu kraulen und zu umarmen. Vor dem Prince Albert Guest House, einer typisch neuenglischen Holzvilla mit Veranda rundherum, wird die journalistische Theorie manifest. Zwischen Lilien, Gladiolen und Oleander stehen sie im Rudel, das Bier in der einen Hand, die Gürtelschlaufe in der anderen, und recken stolz ihre kugelrunden, mächtig behaarten Bäuche in die Sonne.

»Well, dear boy, some more pounds on your hips, and a bit more hair on your chest, and you're welcome to join us for a party tonight!« Fat Tony hat ein Auge auf mich geworfen, und das, obwohl ich so gar nicht in sein Beuteschema passe. Im Hintergrund ein paar Bären, die einander das Fell kraulen und an den Nippeln und Nippel-Piercings ziehen. Fat Tony blickt herüber, spielt mit seinem Doggy Tag, Flirten in Bärensprache, deutet auf den 77 Meter hohen Pilgrim Tower, eine Nachbildung des Torre del Mangia in Siena, Wahrzeichen von Provincetown. »See that huge thing? That's what you can get if you want!«

Sommer für Sommer verwandelt sich Provincetown, die kleine Provinzhauptstadt am Ende der Halbinsel Cape Cod (John Waters und Michael Cunningham wohnen hier, erfahre ich), in ein Mekka für Lesben und Schwule. Jede Woche steht unter einem anderen Motto. Mal kommen die väterliebenden Väter, mal die reiferen Single-Damen, mal die Transgenders, mal die Dykes on Bikes, mal die homosexuellen Flugbegleiter und Piloten, die sogenannten Trolley Dollies. Jetzt, zweite Juliwoche, sind die muskel- und fettbepackten 100-Kilo-Männer an der Reihe. Rund 65 000 Besucher lockt die Gay Bear Week Jahr für Jahr nach P'town.

Vor dem Cafe Heaven, Commercial Street Ecke Carver Street, steht eine Drag Queen, nicht dick, dafür aber dick geschminkt, und verteilt Flyer für diverse Events, für Cashetta's Magic Comedy Show, für die Bear Sunset Cruise, für den Fur Ball. Pelzige Angelegenheit. Nackte Oberkörper, nackte Unterkörper, Leder, Chaps, Strapons, String-Tangas, Harness-Bänder am ganzen Körper, und irgendwann denkt man sich nichts mehr dabei, wenn man sieht, wofür der Pilgrim Tower im Photoshop alles herhalten muss. Wenn das die Pilger wüssten!

Ein paar Häuser weiter wohnt Michael Valenti. Der 54-Jährige lebt das ganze Jahr über in Provincetown und betreibt das White Wind Inn, ein kleines Hotel mit zwölf Gästezimmern. Draußen am Portikus wehen Stars and Stripes und Regenbogenfahnen, drinnen herrscht Häkeldeckchenstimmung wie zu Großmutters Zeiten. Am Kamin stehen Quiche und frisches Obst bereit, im Bücherregal liegen ein paar Exemplare von Karen Christel Krahuliks Buch *Provincetown: From Pilgrim Landing to Gay Resort*, aus den Lautsprechern wabbert süßer Jazz, Blumenvasen überall, Rosen, Lilien und Gladiolen, auf der Konsole eine Kristallschüssel mit Kondomen, extrastark. »Night and day in P'town are like night and day«, sagt Michael, Kussmund, hochgezogene Augenbrauen. »Know what I mean?«

Suppe mit dem Gouverneur
Melekeok

- 0
- 2 Stunden
- Palau

»Wohin soll's denn gehen? Nach Melekeok? Was zum Henker wollen Sie in der Hauptstadt? Es ist Freitag Nachmittag, ich fürchte, da werden Sie niemanden mehr antreffen … Na echt jetzt! Ein Tourist, der in die Hauptstadt will … das habe ich noch nie erlebt.« Dennis Rengiil legt den Gang ein und fährt los, vorbei am Flughafen, an der Hühnereierfarm, an der US-amerikanischen Botschaft, dem einzigen Haus der Insel mit Mauern, Stacheldraht und Überwachungskameras, immer weiter Richtung Norden, zugelassene Höchstgeschwindigkeit 25 Meilen pro Stunde, links der Dschungel, rechts der Pazifik, nach 20 Minuten hat er die halbe Insel durchkreuzt, bleibt auf einer Waldlichtung stehen. »Ich warte dann mal lieber auf Sie. Ein zweites Taxi werden Sie hier so schnell nicht finden.«

Melekeok. Manche sagen auch Ngerulmud dazu. Laut Wikipedia leben hier 299 Menschen, aber das stimmt nur bedingt. Denn obwohl Palau, mitten im pazifischen Nirgendwo, zwischen den Philippinen, Papua-Neuguinea, Guam und Mikronesien, gerade mal so groß wie Wien ist, teilt sich der Inselstaat auf 16 Bundesstaaten auf. »Die 299 Wikipedia-Einwohner …«, sagt Dennis, »das ist ein Fehler. Die Einwohnerzahl bezieht sich auf das Bundesland Melekeok, nicht aber auf die Stadt Melekeok.« Er deutet mit dem Finger auf das große weiße Haus auf der Hügelkuppe. »Sehen Sie das da oben? Das ist unser Parlamentsgebäude. Das ist die Hauptstadt von Palau. That's about it. Na dann, viel Spaß!« Sein Lachen hört man in der ganzen Kapitale.

Das Kapitol von Palau ist eine Nachbildung des Kapitols der Vereinigten Staaten von Amerika. Bloß kleiner, holziger, unbeholfener. Und irgendwie auch etwas beiger, cremiger, vanillefarbener. Im Gegensatz zum Washingtoner Original (und zur US-Botschaft ein paar Kilometer weiter) gibt es weder Zaun noch Security-Check. Das Areal steht offen, das Tor geht mit einem singenden Quietschen auf, die knarrenden Holztreppen führen hinauf in den ersten Stock. Library. Court Room. Conference Hall. State Secretary. *Mr Tommy Remengesau Jr, President of the Republic of Palau.* Messingklinke, die Tür ist verschlossen, wäre auch zu schön gewesen.

Musik und Menschenstimmen dringen durch die sonst menschenleere Hauptstadt, die jetzt, am Ende der Woche, eigentlich schon Feierabend hat. Das geöffnete, nur leicht angelehnte Fenster am Ende des Ganges ist verräterisch. Ein paar hundert Meter weiter, wahrscheinlich schon im Nachbarbundesstaat, ist ein kleines Festzelt aufgebaut. Wenige Minuten später. »Welcome, just have a drink!« Und schon hat man eine Blumenkette um den Hals und eine Tasse Riesenmuschelsuppe in der Hand. Die Riesenmuschel, erfahre ich, die eine, die den ganzen Kochtopf füllt, hat der Fischer heute in der Früh aus dem Meer geholt. Und der Mann, der sie mir soeben eingeschöpft hat, ist Browny Salvador, Hemd, Krawatte, kurze Hose, Gouverneur und Abgeordneter für den Bundesstaat Ngarchelong, 316 Einwohner. »Ja, ich weiß, wir sind eine kleine, lustige Demokratie mit viel zu vielen Staaten. Und ich wette, wir sind das einzige Land der Welt, dessen Hauptstadt unbewohnt ist. Cheers!«

Über Stockfisch und Stein
Porto

- 215 000
- 2 Wochen
- Portugal

Es ist kurz nach 22 Uhr. Der Regen peitscht gegen die Glasscheibe, in der Rinne an der Innenseite des Fensters hat sich ein kleiner See gebildet, in dem sich die Nacht spiegelt, und in ihr die Reflexion all der roten Tischleuchten mit ihren Messingfüßen, Kristallkügelchen und samtenen, brokatgesäumten Lampenschirmen. Vor ein paar Wochen ist Sabine an diesem Tisch gesessen, hat sie gesagt, vielleicht sogar auf demselben Sessel, hat mitten im Restaurant Portucale, 14. Stock, Blick auf Porto, zwischen zwei Gängen plötzlich zu heulen begonnen. Das Chateaubriand, eine Sauce wie vor 30 Jahren, damit hätte man Paul Bocuse glücklich machen können, liegt mir noch schwer im Magen. Ach, Sabine, wie ich dich verstehe! »Você quiser refletir sobre tomar sobremesa?« Die Sprache des Kellners ist so alt wie sein Sakko, himmelblauer Nadelstreif, mit einem kleinen Messingapparat beseitigt er die letzten Brotkrümel vom Tisch. Ich entscheide mich für Sopa dourada, eine goldene Suppe aus Zucker, Mandelstaub und roh aufgeschlagenem Eigelb.

Die Gefühle, die am meisten schmerzen, die Gefühlswallungen, die am meisten quälen, sind diejenigen, die ganz absurd sind, ein Verlangen nach unmöglichen Dingen, eben weil sie unmöglich sind, Sehnsucht nach dem, was nie gewesen ist, Wunsch nach dem, was gewesen sein könnte, schreibt Fernando Pessoa. Die Albergaria Miradouro und das dazugehörige Restaurant im letzten Stock sind die letzten schönen, absurd altmodischen Zeitzeugen eines vergangenen, sich langsam dem Verfall zuneigenden Porto. Das Haus wurde 1969 errichtet, nach Plänen von Maria José Marques da Silva und ihrem Mann David Moreira. Die Cooperativa dos Pedreiros, die Genossenschaft der Maurer und Steinmetze, wollte sich mit dem Bau des rundum verfliesten, mit Stein verkleideten Turms mit Wohnungen für Steinmetzwitwen und einem Luxushotel in den obersten Etagen ein handwerkliches Denkmal setzen.

Zwei Stockwerke tiefer, Zimmer 1204, das Eckzimmer mit den großen Panoramafenstern auf die Stadt. Die Sonne ist längst aufgegangen, und die Dächer von Porto glitzern so golden wie die Suppe vor dem Schlafengehen. Ich wische mir den Sand aus den Augen. Stofftapete, blaugrün, mit Blumenmotiven, ein Bett mit Samt und Nieten, ein Nachtkästchen mit eingebautem Radio, zwei ausgebleichte Fauteuils, ein alter Gobelin an der Wand, Appliken mit Messing und Glaskristallen, eine Symphonie aus Fliesen und Terrazzo im ganzen Haus. »Eine Sanierung des Hotels«, sagt Carlos, schon seit Jahrzehnten an der Rezeption, »ja, das haben sich schon viele Gäste gewünscht, aber das kommt für uns nicht infrage.«

Am Abend im Escondidinho do Barredo, einem kleinen, versteckten Lokal am Hafen, eine einzige dunkle Tür, kein Schriftzug weit und breit. Dona Cremilde sitzt am Holztisch und zupft den kochend heißen Stockfisch von den Gräten, um daraus Pastéis de Bacalhau zu machen, nach dem gleichen Rezept wie schon ihre Oma, sagt sie. *Letzten Endes bleibt von diesem Tag das, was vom gestrigen blieb und vom morgigen bleiben wird – die unersättliche Lust und nicht zählbare Begierde, immer derselbe und immer ein anderer zu sein.*

Die Lautstarke

Kairo

- 👤 16,2 Millionen
- 🕐 3 Tage
- 📍 Ägypten

»Du musst mit dem Lift in den letzten Stock fahren«, hat sie gesagt, »dann machst du die Gittertür auf, gehst die Treppe hoch, hinauf aufs Dach, und steigst durch die Dachluke. Keine Sorge, ist nicht so schlimm, wie es klingt. Ich habe das kleine Zimmer direkt neben der Liftüberfahrt, das mit der blauen Tür. Und nicht wundern, wenn du kommst, man hört alles durch, die Wände sind aus Sperrholz. Wie gesagt, Luxus darfst du keinen erwarten, aber die Aussicht, die ist wunderbar … Weck mich einfach, wenn du da bist! Also, guten Flug und bis morgen!« Und dann hat sie aufgelegt. Typisch Natalie.

Der schwarze Peugeot, Knickheck, müsste ein Fünf-Null-Vier sein, fährt durch die Nacht, eine schnurgerade Straße, die Stahlfedern bohren sich in meinen Hintern, mit jedem Loch im Asphalt immer mehr, die Tachonadel zittert nervös zwischen 20 und 60 hin und her, ein ständiges Hupen, ein ständiges Fluchen. *Ahbal! Magnun! Ya kalb!* Vorbei an einem Palast mit Drachen, Schlangen, Elefanten. *Look, my friend! Yasr al-Baron!* Ein Stück Indien mitten in Ägypten, rechts Plattenbauten, links ein Stadion, Flutlichtanlagen, Blaulicht, Hupen. *Ibn al eahira!* Biegt mit Karacho auf die Autobahn, hinauf in den ersten Stock, überall hupende Autos, Autos, Autos, deutet auf den Turm da vorne. *Look, my friend! You see al-Qahira Tower!* Erreicht nach einer Stunde Fahrt einen hässlichen, fünfspurigen Kreisverkehr mit nichts in der Mitte, noch ist der Platz unbekannt in der Welt, der Arabische Frühling in weiter Ferne, fährt hinein in die Talaat Harb und bleibt vor einem grauen Haus stehen. *Here we are, my friend!* 75 Pfund. Es ist halb vier.

»Ach, da bist du ja!« Natalie ist auf der Stelle munter. »Ich habe mir gedacht, wir starten mit einem Sonnenaufgang, und ich weiß schon ganz genau wo! Bereit für eine Fahrt durch die Stadt?« Wir stehen im siebten Stock, vor uns breitet sich ein milchig grauer Lärm- und Lichterteppich aus. Die Hupe, das habe ich da unten in diesem Moloch von my friend gelernt, wird in Kairo als Blinker genutzt. Und nirgendwo auf der Welt, das hört man hier oben eindringlich, wird so viel geblinkt wie in Kairo.

Auf der El Tahrir stehen alte, weiße VW-Busse, einer nach dem anderen, nach wenigen Minuten ist unser Bulli voll und fährt los. Ein Ruckeln, ein Gasgeben, ein Abbremsen, ein vielleicht 60 Minuten langes, niemals endendes Fluchen und Blinken bis zum Ziel. *Homar! Ya Khansir!* Kairo, al-Qahira, steht im Reiseführer, heißt auf Deutsch so viel wie die Starke. *Ya malakhwiz!* Ich muss schmunzeln, ergänze das Wort auf meine Art. Im Rückspiegel fängt es an zu dämmern.

»Na, hab ich's dir nicht gesagt? Ist das nicht ein großartiger Sonnenaufgang?«, sagt Natalie, als wir nach einer knappen Stunde endlich am Stadtrand angekommen sind. Kaum ist der Tag angebrochen, kaum ist der Kopf der Sphinx in eine sandig staubige Wolke gehüllt, die ersten Esel und Kamele werden herbeigezogen, ziehe ich mir die Weste an und verschwinde in dem kleinen, dunklen Loch. Nach ein paar Minuten, es wird immer kühler, immer stiller, immer steiler, habe ich die Große Galerie erreicht, ein paar Schritte später, noch kühler, noch stiller, ich bin allein, endlich, meine Königskammer.

Fallender Tropfen See
Lingang

- 👤 50 000
- 🕐 3 Stunden
- 📍 VR China

Die Reise nach Lingang ist wie ein Ausflug in eine andere Galaxis, viele Lichtjahre hinter Shanghai. Der Taxifahrer trägt weiße Zwirnhandschuhe, die schon länger nicht mehr in der Waschmaschine waren. Es ist ruhig im Wagen, die Landschaft wird immer karger, immer flacher. Nach einer halben Stunde bäumen sich wieder die ersten Zeichen städtischer Zivilisation auf, grüne und braune Verkehrsschilder mit chinesischen Schriftzeichen und mehr oder weniger verständlichen Piktogrammen. *Lingang xin cheng,* Lingang neue Stadt, und *Dishui hu,* fallender Tropfen See. Der Taxifahrer deutet auf die Tafeln über der Straße und wechselt auf den rechten Fahrstreifen über. Wir sind das einzige Auto weit und breit.

Lingang ist eine kaputt gegangene Hoffnung zwischen Gegenwart und Zukunft, zwischen Utopie und Dystopie, zwischen Deutschland und Shanghai. 2002 hat der Hamburger Architekt Meinhard von Gerkan diese symmetrische Retortenstadt mit ihrem zweieinhalb Kilometer großen, kreisrunden See in der Mitte entworfen. 800 000 Menschen sollten hier eines Tages leben, mit dem Ziel, das überbevölkerte Shanghai zu entlasten. »Ich höre oft den Vorwurf, dass ich in Lingang wie ein Schöpfer agiere«, hatte der Architekt damals zur Verteidigung gesagt. »Aber das stimmt nicht. Ich baue nur eine Stadt der Zukunft, eine Stadt mit Lebensqualität. Die Menschen werden nach Lingang fahren und dort spazieren gehen wie in einem großen Park. Manche werden sich ein Fahrrad mieten und eine Runde um den See drehen.«

Wir fahren in die Stadt hinein. Die Straßen sind fertig asphaltiert, die Gehsteige gepflastert, die Bänke aufgestellt, die Beete bepflanzt, die Laternen angeschlossen, die Mistkübel aufgehängt, die Verkehrsampeln eingeschaltet, die Lautsprecher aktiviert. Ab und zu meldet sich eine Konservenstimme zu Wort. Der Großteil der Parzellen ist leer. Braunes Ödland mit Unkraut und Jungbäumen rundherum. Im Westen der Geisterstadt sieht man eingerüstete Rohbauten und fertig errichtete Wohnhäuser, manche davon sehen aus, als würden sie bereits verfallen. Laut Wikipedia leben hier 600 000 Menschen. Das ist die offizielle Zahl, mit der die Volksrepublik nach außen geht. Inoffizielle Meldungen gehen von 180 000 Einwohnern aus. Tatsächlich, erzählt mir eine junge Studentin bei einem Cola mit viel zu vielen Eiswürfeln, leben hier erst 50 000 Menschen, wenn überhaupt, und nur ein kleiner Teil davon dauerhaft. Es sind Studierende, die mit ausgelagerten Universitätsinstituten und billigen Mieten aus dem 80 Kilometer entfernten Shanghai nach Lingang gelockt werden. Nach Luchao. Nach Nanhui. Nach Dishui Lake. Nach Xin Cheng Zhen. Die Stadt hat schon viele Namen gehabt.

Lingang ist ausgestorben. Ich habe noch keinen einzigen Fußgänger gesehen. Ab und zu fährt ein Auto über die kreisrunde Straße um den See, der Wind trägt jedes Fahr- und Rollgeräusch davon, es ist unheimlich still. Im Lingang-Museum findet gerade eine Führung für Schüler statt. Nach einer Stunde habe ich das Stadtzentrum gefunden. Ein kleiner Markt mit Nudelsuppenständen und Secondhand-Klamotten im Wind, irgendwo dazwischen ein halbleerer Kentucky Fried Chicken.

Tel Aviv aber tanzt

Tel Aviv

- 👤 1,4 Millionen
- 🕐 2 Wochen
- 📍 Israel

In der Auslage liegt eine rote Kette, so eine, wie meine Oma in Polen damals hatte. Von der Decke hängen Lampen, Luster, Diskokugeln. Und hinten auf dem kleinen Tischchen stehen Schalen, Vasen, Thermoskannen. Café Mograbi, Rehov Allenby 33, ein Secondhand-Laden, so großartig, wie ein Secondhand-Laden nur sein kann, und schon stehe ich mitten in den Sechzigern und Siebzigern.

Der Mann hinter dem Kassenpult, Ben, ich glaube, er hat Ben geheißen, später wird er mir tief in die Augen schauen, wird sich vorstellen, wird mir sagen, dass er Ben heißt oder so ähnlich, grüßt mich freundlich, *schalom,* gibt der Dame gerade das Restgeld aus, überreicht ihr den Kassenbeleg, blickt kurz zu mir herüber, verabschiedet sich, wünscht ihr einen schönen Tag, bedient ein Ehepaar, das sich gerade nach einem alten Lederkoffer umschaut, lächelt zu mir her, verschwindet für ein paar Sekunden im Lager, kommt kurz darauf wieder heraus, geht zum Ehepaar, kneift die Lippen zusammen, schüttelt den Kopf, nickt verständnisvoll, zwinkert mir zu, begleitet die beiden zur Tür, *lehitraot, bye-bye,* verschiebt mit seinem Fuß den unter die Tür geklemmten Holzkeil, der am Boden liegt, lässt die Tür langsam zufallen, holt den Schlüssel, der am Kassenpult liegt, steckt ihn ins Schloss, sperrt zu.

»Das erste Mal in Tel Aviv?«, fragt Ben. »Das heißt, du bist also auch das erste Mal in meinem Shop? Na dann, willkommen im Café Mograbi! Woher bist du? Polen? Sind wir nicht alle Polen, ganz tief drinnen in unseren Herzen?« Ich bekomme eine Führung durch Bens Shop. In der Mitte ein paar Sommerkleider, links die Accessoires, rechts die Möbel, Koffer, Haushaltswaren. Eine alte italienische Kaffeemaschine. »Kaffee?« Ja, bitte. Einen Espresso, kurz und stark. Ben lacht. »Kurz und stark, aber gerne!« Eine schmale Wendeltreppe, das Geländer weiß lackiert, so weiß wie alles in Tel Aviv, führt hinauf in den ersten Stock. »Also, noch einmal zusammengefasst, unten waren die Vintage-Möbel und ein paar kleine Einrichtungssachen, und hier oben, wie du siehst, ist die Modeabteilung.« Deutet auf den linken Teil des Raumes, »hier die Kleidung für die Frauen, aber das wird dich nicht interessieren«, und dann nach rechts, kommt näher, packt mich am Nacken, »und hier für die Männer. Verzeih, ich bin ein schlechter Verkäufer, ich habe dich noch gar nicht gefragt, suchst du eigentlich was Bestimmtes?«

Jerusalem betet, Haifa arbeitet, Tel Aviv aber tanzt, besagt ein hebräisches Sprichwort. Und Ben war ein guter, ein verdammt guter Tänzer. Am Abend treffe ich Ayelet Ucko-Stern. Wir sind in einem polnischen Restaurant verabredet, Keton, Rehov Dizengoff 145, ein Lokal mit Kredenzen, die von der Decke hängen, und alten Omahäferln in der Vitrine. Wir bestellen polnische Pierogi. »Eine knallrote Kette, sagst du? Ja, über eine schöne Kette hätte ich mich gefreut. Im Geschäft gewesen, und dann einfach vergessen … Ach, Motek, wo dein Kopf schon wieder war! Komm, iss auf, und dann gehen wir tanzen! Um acht Uhr legt Anat, eine Freundin von mir, in Kohav Hatsafon, nicht weit von hier, Musik auf.«

511
Rio de Janeiro

- 11,6 Millionen
- 1 Woche
- Brasilien

Riffelblech am Boden, klebrige Kunstledersitze, überall Havaianas an den Füßen. Links ragt der Pão de Açúcar in den Himmel. 1979, als James Bond und Holly Goodhead vom 400 Meter hohen Zuckerbrotfelsen wieder hinunterfahren wollten, kam ihnen der Beißer dazwischen, biss sich am Seilbahnkabel fest und brachte die Gondel zum Einsturz. Vorne kreuzt der Bus die Avenida Lauro Sodré. Vor einem halben Jahrhundert fuhr hier noch die Straßenbahn, Linie 49, hinauf zum Morro da Babilônia. Der französische Regisseur Marcel Camus hat die antike Tragödie *Orpheus und Eurydike* nach Rio de Janeiro verlagert, mitten in die Karnevalszeit. *Orfeu Negro*, 1959, ein ziemlich bloßfüßiger Film. Genau hier, an dieser Stelle, fuhr der Straßenbahnfahrer Orfeu mit seiner Euridice vorbei. Überall abweisend graue Wohntürme, auch wenn sie so heißen wie die Sonne, neben der Straße steht die Morada do Sol, hier wohne ich, Block D, 13. Stock, Apartment 1301, doch im grünen Großstadtdschungel Rio mutiert sogar das Hässliche zum Schönen. Mit der nächsten Kurve rückt der Corcovado, der Bucklige, plötzlich bedrohlich nah heran, es wird dunkel im Bus, eine kurze kühle Brise in der brütenden Bushitze. Botanischer Garten, Lagoa Rodrigo de Freitas, ein Ruderrennen auf dem Wasser, und dann links vorne die Confeitaria Rio-Lisboa, die Paulo Mariotti mit einem blauen Kugelschreiber gezeichnet hat, so wie all die anderen 55 Liebesbekenntnisse an den Jännerfluss, die er in seinem Buch *Crônicas Cariocas* gebündelt hat. Den Bus, Linie 511, hat er auch gezeichnet, Riffelboden, Kunstleder, Dutzende baumelnde Beine, ob es vielleicht sogar dasselbe Fahrzeug ist? Die Buspassagiere in Rio, hat der brasilianische Verkehrsforscher Ronaldo Balassiano herausgefunden, sind mit 1,85 Sekunden die schnellsten Ein- und Aussteiger der Welt, kein Wunder bei diesem glitzernden Blau, das zwischen den Häuserblocks alle paar hundert Meter wie ein sehnsüchtiger Gruß hindurchblitzt. *When she walks, she's like a samba that swings so cool and sways so gentle, that when she passes, each one she passes goes … ooh*, singt João Gilberto 1962 in seinem molligen Bossa-Nova-Hit *The Girl from Ipanema*. Erste Schweißperlen. Mit jeder Haltestelle wird von den Zusteigenden, mit ihren Havaianas an den nackten Füßen, immer mehr Sand in den Bus hineingetragen. Ich kann den Blick von diesem Meer der Körperlichkeit, von diesem sanften Zehen- und Sehnenspiel kaum noch abwenden. »Mich ziehen die weichen und sinnlichen Rundungen an, die Kurven der Berge, der verschlungenen Flüsse, der Wolken am Himmel, des schönen weiblichen Körpers, wie hier in Rio«, hat Oscar Niemeyer einmal gesagt. Sein Büro liegt da vorne, mit Blick auf die kilometerlangen, schwarz und weiß gepflasterten Wellen, die wie Samba tanzende Streifen die ganze Stadt durchziehen. Nach einer Stunde tauchen am Babilônia-Felsen wieder Orfeu und Euridice auf. *Cidade maravilhosa, cheia de encantos mil, coração do meu Brasil*, singt Caetano Veloso. Wunderbare Stadt, tausend Reize, Herz meines Brasiliens! Ich bin schweißgebadet. Der Bus bleibt stehen. »Es gibt keine schönere Stadt auf Erden, und es gibt kaum eine unergründlichere, unübersichtlichere. Man wird nicht fertig mit Rio de Janeiro.« Stefan Zweig.

Kinderkulturzentrum Kuddelmuddel
Linz

- 👤 205 000
- 🕐 3 Wochen
- 📍 Österreich

Nächster Halt: Hauptbahnhof, Kärntnerstraße, Musiktheater, Landesdienstleistungszentrum, Wissensturm, Terminal Tower. Sehr geehrte Fahrgäste! Wir bitten Sie, Ihren Sitzplatz anderen Personen zu überlassen, wenn diese ihn nötiger brauchen. Vielen Dank! Umsteigen zu den Linien 2, 3, 4, 11, 12, 14, 15, 17, 19, 25, 26, 27, 33, 38, 41, 43, 45, 46, 101, 102, 103, 104, 105, 191, 192 und zu den Regionalbuslinien 1, 600 und 610 Richtung Plus-City, Traun, Haid und Ansfelden. Wie langsam, frage ich mich, muss eine Straßenbahn fahren, damit zwischen dem Schließen und dem neuerlichen Öffnen der Türen 181 Sprechsilben in sonorer Männerstimme über dem Passagier niederprasseln können? Und wie lange muss man diese Strecke als Pendler fahren, ehe man kurzfristig einen Sitzplatz nötig braucht und langfristig den Verstand verliert?

Nächster Halt: Goethekreuzung, Landestheater Linz, Musiktheater, Arbeiterkammer, umsteigen zu den Linien 12, 17 und 19. Ich mag diese Stadt. Linz hat etwas Raues, Rohes, Verrostetes in seinem Wesen. Und zugleich spielt es frech und kompromisslos mit seiner Zukunft, baut ehemalige Tabakfabriken zu Kreativ-Clustern um, hat mit der Ars Electronica eine der wichtigsten Medienkunstmessen der Welt und setzt sich auf erfrischende Weise mit seinem dunklen NS-Erbe auseinander. 2009 hat die Künstlerin Gabu Heindl am Brückenkopfgebäude, Hauptplatz 5-6, den Putz abgeschlagen, einen Teil davon, und auf diese Weise eine symbolische Landkarte mit den Flucht- und Reisebewegungen der Überlebenden des Nationalsozialismus erstellt. Und dann frage ich mich, wenn ich über die Donau nach Urfahr blicke: Wie würde Linz heute wohl aussehen, hätte Hitler die Gaufesthalle, den 160 Meter hohen Glockenturm und all die anderen hochtrabenden Pläne realisiert?

Nächster Halt: Bürgerstraße, Landesbibliothek, Kinderkulturzentrum Kuddelmuddel, Theater des Kindes. Kuddelmuddel! Welches Hirn denkt sich so etwas aus! Dabei hat diese Stadt in den letzten Jahren eine so enorme kreative Kraft entwickelt, hat Institutionen wie etwa Frau Klarer, Frau Dietrich, Die Innovationskomplizen, Radio Fro, Dorf TV, Mooi, My Esel, Honigkuchenpferd, Der charmante Elefant, Usersnap, Runtastic, Catalysts und Acht Schätze geboren. *Nächster Halt: Mozartkreuzung, Mariendom, Martin-Luther-Kirche, Ursulinenhof, OK Offenes Kulturhaus, WKO Wirtschaftskammer, umsteigen zu den Linien 45 und 46.* Und dann … *Nächster Halt: Taubenmarkt, Landhaus, Landestheater Linz, Schauspielhaus, Theater in der Innenstadt, Nordico Stadtmuseum, Katholisch-Theologische Universität, umsteigen zu den Linien 26 und 27 …* gibt sich … *Nächster Halt: Hauptplatz, Linz AG Linien Infocenter, Touristinfo im Alten Rathaus, Kunstuniversität, Lentos Kunstmuseum, Brucknerhaus, Schlossmuseum, Stifterhaus, umsteigen zu den Linien 26, 192 und zur Pöstlingbergbahn …* diese Stadt … *Nächster Halt: Rudolfstraße, Neues Rathaus, Bürgerinnen- und Bürgerservice, Ars Electronica Center, umsteigen zu den Linien 1, 2, 3, 4, 38 und 102 …* so kleinbürgerlich und kleinprovinziell, dass ich Hans Hainzl, ja, so heißt der Mann zur Stimme, am liebsten durchschütteln und fragen würde: Warum? Warum? Warum!

Tee nur für Buddha
Gurye

- 14 000
- 2 Tage
- Südkorea

Der Tag im Tempelkloster Hwaeomsa beginnt um drei Uhr früh. Yong Hyun Soo ist einer der ersten auf den Beinen. Die Mission des 17-jährigen Novizen lautet, die rund 60 Mitmönche aus dem Schlaf zu reißen und zum morgendlichen Gebet zu locken. Nacht für Nacht stellt er seinen batteriebetriebenen Wecker auf 2 Uhr 50, schleicht zum Glockentempel empor, löst das elegant gebundene Seil, schwingt den hölzernen Schlägel und überlässt den Rest der Schwerkraft. Das Dong ist hunderte Meter weit zu hören.

»Du musst wissen: Die buddhistische Lehre geht davon aus, dass die Aktivität von Lebewesen um drei Uhr morgens beginnt«, sagt Yong. »Mit der Dunkelheit und dem fortschreitenden Sonnenaufgang können sich die Augen am besten an das Tageslicht gewöhnen. Außerdem, was bleibt uns auch anderes übrig? Bei Dunkelheit wird im Kloster der Strom abgedreht, und man sieht nichts außer Mond und Sterne.«

Es ist kurz nach drei. Nach wenigen Minuten schon hat sich die Gakhwangjeon-Halle mit ein paar Dutzend Mönchen gefüllt. Es beginnt eine Abfolge aus Singen und Meditieren. Alle paar Sekunden führt einer der grau gekleideten Geistlichen zwei Schlaghölzchen zueinander, und mit jedem Schlag wird vor dem goldenen Buddha eine andere Körperposition eingenommen:

Sitzen, Knien, Stehen, Lotussitz. Sitzen, Knien, Stehen, Lotussitz. Eine ganze Stunde lang. Und Lotussitz. Selbst die biegsamsten Gestalten aus Nichtkorea müssen nach ein paar Minuten kapitulieren.

»Das war wohl nichts«, wird Bruder Hyedham meine Anstrengungen später kommentieren. Der 45-jährige Mönch ist Student an der buddhistischen Sanga University und lebt seit vier Jahren in einem kleinen Kabäuschen im Hwaeomsa-Kloster. »Ich habe vorhin gesehen, wie du dich abgerackert hast. Meinen Respekt! Den meisten Touristen ist unsere Gebetsabfolge zu sportlich und sie geben noch viel schneller auf als du. Tee?«

Früher, sagt Hyedham, arbeitete er für Samsung und exportierte Computer-Hardware nach Russland und Europa. Vor zehn Jahren dann kehrte er der Wirtschaft den Rücken und wandte sich der Religion zu. »Das Meditieren macht mich glücklicher als die Arbeit da draußen. Es ist ein Leben im Einklang mit Körper und Natur. Und mit einer 1 500 Jahre alten Tempelanlage. Wenn ich mit dem Studium fertig bin, will ich nach Großbritannien auswandern und dort die Lehre Buddhas verbreiten.«

Der gelbe Tee, heiß eingegossen, muss in drei Schlucken ausgetrunken werden. Verdammt, denke ich mir, schon beim ersten Minischluck ist meine Zunge verbrüht, mein Gaumen bamstig und taub. Hyedham lacht schon wieder. Es wird der letzte Tee für heute bleiben. Zum Frühstück um sechs Uhr werden Tofu-Suppe, Reis und vergorene Bohnen serviert. Ekelhaftest, runterspülen, sofort. Die Hand greift nach dem Blätteraufguss, schon stürmt eine kleine Nonne herbei – an ihrem Unterarm baumelt eine nachgemachte Louis-Vuitton-Handtasche – und reißt mir die Teekanne aus der Hand. »Tee nur für Buddha!« Klopft mir auf die Finger. »Hier Becher, dort Wasserhahn! Los! Los!«

Wer lacht, der hört das Beben nicht
Istanbul

- 👤 14,8 Millionen
- 🕐 3 Wochen
- 📍 Türkei

Yusuf steht unten am Kai, neben der Galata-Brücke, so wie jeden Tag, vor ihm eine große Blechschale, auf einem alten, aufklappbaren Tischbock balancierend, darauf die immer gleiche Köstlichkeit, mit der er mich schon seit Tagen süchtig zu machen versucht. *Merhaba! Selam dostum!* Ich deute auf die Midye dolması, auf die mit Reis gefüllten Miesmuscheln, *beş parça, lütfen!* Und er reicht mir mit einem Lächeln fünf Muscheln, eine nach der anderen, aufgeklappt und zu einem provisorischen Löffelchen geformt, beträufelt mit frischem Zitronensaft. In Eminönü, es riecht nach Hafen, man sieht hinüber nach Karaköy und nach Üsküdar, drüben in Asien, dazwischen Tausende Möwen und Dutzende Fähren, hat Europa sein allerschönstes, sein allersüßestes Ende.

Yarim İstanbul gel öpeyim gerdanından, dua gibi, büyü gibi ezberledim hasretini, singt Levent Yüksel in seinem Lied, das er 1993 dieser Stadt gewidmet hat, mein geliebtes Istanbul, komm zu mir und gib mir einen Kuss, wie ein Gebet, wie Magie, greife ich sehnsüchtig nach dir, im Hintergrund gezupfte Bağlama-Lauten und mit kräftigen Luftstößen zum Dröhnen gebrachte Tulum-Sackpfeifen. Allein schon die Stationsansagen in der Straßenbahn, Linie T1, haben meine Sehnsucht geweckt, sind Liebkosungen in meinen Ohren. Alle paar Minuten rollen die grauen, viel zu breiten Waggons, die fast baugleich mit den Wiener U-Bahn-Garnituren sind, über die Divan Yolu Caddesi, vorbei an der Beyazıt-Moschee, an der Blauen Moschee, an der Hagia Sophia, am Topkapı-Palast, am Marmaray-Bahnhof, hinunter zur Yeni Cami und zum Goldenen Horn. Ein kurzes Düdeldü, und dann eine erotische Frauenstimme: Çemberlitaş (tief und sonor), Sultanahmet (hauchend), Gülhane (schleichend), Sırkeci (abgehackt) und Eminönü (kindlich verspielt). Ich mag den ganzen Tag nur tramfahren.

Ah bu evler, pencereler bu kapılar, sokaklar, oh diese Häuser, diese Fenster, diese Türen, diese Straßen, *hüzün gibi, sevinç gibi, eskitilmiş zamanlar,* wie Traurigkeit, wie Freude, wie ewig gealterte Zeiten. Seit Jahrhunderten schon wird Istanbul von Erdbeben heimgesucht. Am 27. Dezember 537 wurde die Hagia Sophia eröffnet, 20 Jahre später bereits stürzte ihre zitternde Kuppel ein, und mit ihr eine Vielzahl an Moscheen und Minaretten. Im September 1509, auch *Kleiner Weltuntergang* genannt, bebte die Erde 45 Tage lang. Und dann 1766, 1894, 1912 und 1999. Das große Erdbeben, wie alle sagen, steht noch bevor. Die Medien sprechen bereits von Istanbuls Untergang, von der Apokalypse am Bosporus. Woher nimmt diese Stadt nur ihren Genuss, ihre im Moment so ungebrochene Lebensfreude?

Wer lacht, der hört das Beben nicht, schreibt Orhan Pamuk in einer seiner Kurzgeschichten über das seit Jahren erwartete Unglück. Am Abend fahre ich mit der alten Straßenbahn die İştiklal Caddesi entlang. Im Tek Yön, nur wenige Schritte vom Taksim Meydanı entfernt, die Unruhen sind noch in weiter Ferne, treffe ich Erdem. »Na, so nachdenklich heute? Du schaust ja aus, als hättest du gerade ein Erbeben überlebt! Das wird schon noch kommen irgendwann, aber das hilft uns jetzt auch nicht weiter. Hadi! Jetzt komm!«

Kibbuz City
En Gedi

- 600
- 2 Tage
- Israel

Immer dem David-Wasserfall nach, hat er gesagt, und dann soll ich neben dem Weg in die Palmenwipfel hochschauen, irgendwo da oben werde er schon sein. Und tatsächlich, Roy Annau ist wie ein Affee an die Dattelpalme geklammert, ein Klettergeschirr hält ihn fest, und spielt Gott in 15 Meter Höhe. »Wusstest du, dass die schönsten Bäume der Welt unterschiedliche Geschlechter haben? Die meisten Leute hocken von früh bis spät vor dem Computer, ich hocke dafür oben auf der Palme und führe Befruchtungen durch, kreuze Männchen mit Weibchen. Ich liebe diesen Job.«

Roy ist 65 Jahre alt. Das Klettern hat ihn jung gehalten. 1966 kam der gebürtige Kanadier als Volontär, als sogenannter Machal, nach Israel, wollte ursprünglich nur eine Pause machen, ein paar Monate in einem Kibbuz abhängen. Jetzt ist er noch immer da. Und seine Freunde in Kanada schütteln seit fast 50 Jahren den Kopf. Der Kibbuz En Gedi ist einer von insgesamt 200 Kibuzzim, die in den Fünfzigerjahren, kurz nachdem Israel auf der Landkarte auftauchte, im ganzen Land gegründet wurden. En Gedi, eine paradiesische Oase am Toten Meer, am Rande der Judäischen Wüste, ist eine der bekanntesten Kollektivsiedlungen aus dieser Zeit. Es ist ein Symbol für all jene, die sich in der Diaspora nach einem Gefühl der Zusammengehörigkeit sehnten.

Aus dem basisdemokratischen Idealdorf ist in der Zwischenzeit ein Zentrum der freien Marktwirtschaft geworden. Die 600 Chawerin, die hier leben, sind längst perfekte Marketing-Profis und wissen es, ihre Ideen in Geld umzusetzen. Auf den knapp acht Quadratkilometer großen Plantagen werden Datteln, Mangos, Papayas, Pomelos und Basilikum angebaut. Darüber hinaus gibt es ein Internat mit Schülern aus ganz Israel, eine Tankstelle an der viel befahrenen Hauptstraße 90, eine Mineralwasser-Abfüllanlage sowie eine Plastik- und Gummifabrik, En Gal, in der Kunststoffteile für Werkzeuge und Reifen für Spielzeugautos hergestellt werden. Nur wenige Kilometer weiter südlich liegt die Cashcow En Gedis, das kibbuzeigene Spa mit Schwefelbädern, Schlammkuren und einem eigenen Zugang zum Toten Meer.

»Ich lebe gerne hier, und im Vergleich zu früher ist das Leben einfacher geworden, die Spielregeln sind nicht mehr so streng wie damals«, sagt Roy, wird kurz still und nachdenklich, die Beine in der Luft baumelnd, der Dattelkorb ist schon fast voll, »aber es ist immer noch ein Leben im sozialistischen Klebstoff…« Mich fasziniert dieser Alleskleber, dieser von Israel entkoppelte, winzig kleine Stadtstaat im Staat, mit eigenem Steuersystem, eigener Sozialversicherung und eigenem Pensionsvorsorgemodell. Es ist ein linkes Paradies, hier will ich bleiben, so wie Roy.

Jahr für Jahr sinkt der Wasserpegel des Toten Meeres, das immer salziger und immer öliger wird, um rund einen Meter ab. Gründe dafür gibt es viele. Einer davon ist der Kibbuz En Gedi, der einen Großteil der Regen- und Sturzwässer aus der Judäischen Wüste abfängt, bevor sie das Meer erreichen, um sie für die eigenen Obstplantagen zu nutzen. Hier der blühende Garten Eden, dort das vertrocknende Meer. Davon hat Roy nichts erzählt.

Auf der Kö
Düsseldorf

- 635 000
- 2 Tage
- Deutschland

500 000 Deutsche, hat der *Spiegel* geschrieben, haben sich 2011 unters Messer gelegt. Was der *Spiegel* nicht geschrieben hat: Sie alle leben in Düsseldorf. Wir haben gerade Eiskaffee bestellt, Café Monna Lisa, ein N ist nicht schön genug, es muss ein zweites her, Königsallee 36. Auf den Nebentischen wird Mozzarella gegessen und Champagner getrunken. Der Kellner kommt. Ein Kelch mit Sahnehäubchen. So wie all die jungen, alten, uralten Sahnehäubchen, die auf der Kö auf und ab spazieren und die Flaniermeile am Stadtgraben als allerletzten Catwalk nutzen. Löffel, Waffel, Strohhalm, das Spektakel kann beginnen.

»Minirock im Anmarsch, auf zwei Uhr!«, sagt Stefan plötzlich. Ziemlich mini, Frühjahrskollektion von Dolce & Gabbana, habe ich in irgendeiner Frauenzeitschrift gesehen, *Vogue* oder *Elle* oder *Cosmopolitan*, vorgestern beim Zahnarzt, so straff und so eng ansitzend wie die Haut auf den Wangenknochen. »Oh Gott, Grundgütiger, knallrot, auf halb elf!« Eine alte Frau mit leuchtend roter Robe, aufgemalten Augenbrauen, Federboa auf den Schultern. »Achtung, eine Biene Maja, vorne links!« Lack und Leder in Gelb und Schwarz, vielleicht 70, vielleicht 80 Jahre alt, ziemlich hohe Absätze, ziemlich wackelige Schritte, ziemlich großes Schlauchboot im Gesicht. Ich muss an Karl Kraus denken. *Man glaubt gar nicht, wie viel Hässlichkeit die angestrengte Beschäftigung mit der Schönheit erzeugt.*

Die Kö ist das lineare Schönheits- und Hässlichkeitsepizentrum Deutschlands. Für die äußere Schönheit ist die Modeindustrie zuständig: Bottega Veneta, Königsallee 2. Tod's, Königsallee 12. Louis Vuitton, Königsallee 20. Bulgari, 24. Jimmy Choo, 28. Christian Dior, 30. Prada, 34. Gucci, 40. Chanel, 42. Burberry, 50. Karl Lagerfeld, 58. Und Giorgio Armani, 72. Für alles andere hingegen sorgen die plastischen Chirurgen. Auf einer Länge von einem Dreiviertelkilometer finden sich mehr als ein Dutzend Kliniken und sogenannte Med Beauty Salons. *Cellulitefrei in nur einer Stunde*, verspricht die Kö Klinik, Königsallee 60, auf ihrer Website. *Und verabschieden Sie sich in nur einer Sitzung dauerhaft von Orangenhaut!*

Sommer 1954. Thomas Mann besucht Düsseldorf, gemeinsam mit seiner Frau Katia, um aus den *Bekenntnissen des Hochstaplers Felix Krull* zu lesen. Er steigt im Hotel Breidenbacher Hof, Königsallee 11, ab. An genau dieser Stelle kommt Hans Pleschinski ins Spiel und inszeniert in seinem 2013 erschienenen Roman *Königsallee* eine fiktive Wiederbegegnung zwischen Thomas Mann und seiner Jugendliebe Klaus Heuser. »Ein vierteltausend Angriffe – anfangs nachts, später auch bei Sonnenschein – hatten die Stadt umgepflügt. Um die sechstausend Menschen, Einheimische, zu den Fabriken Herverschleppte aus dem Osten, waren auf den Straßen zerfetzt, unter Gemäuer begraben worden, in ausglühenden Schutzräumen erstickt und verschmort«, schreibt Pleschinski. »Das Ausmaß und die Tiefe der Wunde waren vielleicht noch längst nicht erkannt. Wie viele Jahre müßten vergehen?« Auf der Kö sind die Reparatur- und Ausbesserungsarbeiten an der Seele der Stadt noch nicht abgeschlossen.

Die Orgel des Odysseus
Zadar

- 👤 75 000
- 🕐 2 Tage
- 📍 Kroatien

Plötzlich ruhte der Wind; von heiterer Bläue des Himmels glänzte die stille See; ein Himmlischer senkte die Wasser, heißt es im 12. Gesang der *Odyssee.* Das Meer wirkt ganz ruhig auf den ersten Blick, und doch plätschern und schlagen, unüberhörbar, die Wellen an die Bucht. *Komm, besungner Odysseus, du großer Ruhm der Achaier! Lenke dein Schiff ans Land und horche unserer Stimme. Denn hier steurte noch keiner im schwarzen Schiffe vorüber, eh er dem süßen Gesang aus unserem Munde gelauschet.* Auch heute singen sie wieder, die Sirenen, diesmal sogar etwas lauter, etwas schneller noch als gestern. Der Wind, so scheint es, ist kräftiger geworden, und mit ihm auch die von den Kornaten kommende Brandung.

Am westlichsten Zipfel von Zadar, wenige Schritte vom Fährhafen entfernt, befindet sich eine Hydraulis, eine in die Stufen der Promenade integrierte Meeresorgel. Je nach Wind und Wetter, je nach Nähe und Geschwindigkeit der hier vorbeiziehenden Schiffe ertönt die *Morske Orgulje,* so der offizielle Titel der 2005 eröffneten, vom kroatischen Architekten Nikola Bašić geplanten Installation, in einer sich ständig ändernden Kakophonie der Wasserkräfte. Mit jeder Welle dringt Wasser in die Kammern, dieses wiederum presst Luft in jede einzelne der insgesamt 35 aus Beton und Kunststoff konstruierten Orgelpfeifen. Und so ertönen mit jedem Stoß Ligeia,

Himeropa und Parthenope. *Also sangen jene voll Anmut. Heißes Verlangen fühlt ich, weiter zu hören.*

»Mama, warum pfeifen die Stufen so?«, fragt ein Mädchen, auf und ab tanzend, Ausschau haltend nach der wohlklingenden Ursache im Untergrund. Ein Grüppchen erwachsener Männer studiert die Geometrie der Anlage, unterhält sich über Längen und Frequenzen, über Meter und Hertz. Andernorts wiederum sitzen junge Pärchen auf den Treppen, mit den Augen in der Ferne, mit den Füßen im Wasser, mit den Fingern genüsslich die rechteckigen Öffnungen der Orgel umtastend, *denn der Stein ist so glatt, als wär er ringsum behauen.* Auch ich bin der Musik verfallen, nehme Zadar einzig und allein als Klangkulisse wahr, schaffe es nicht, ein Bild dieses wahrscheinlich wunderschönen, wahrscheinlich mit hellem Stein und roten Dachziegeln errichteten Ortes zu fassen, *denn es bezaubert ihn der helle Gesang der Sirenen.*

»Ich bin auf der Insel Murter aufgewachsen, nicht weit von hier«, sagt Nikola Bašić, der auf den Stufen wie auf zarten Notenlinien entlangspaziert. »Ich habe den Wind und die Wellen in den Rillen des Meergesteins quietschen und pfeifen hören. Mich haben die Töne damals schon fasziniert. Es war … Ja, es war, als würde ich Homers Sirenen lauschen.« Mit der untergehenden Sonne ändert sich die Musik des Meeres, wird wärmer und zärtlicher, irgendwie noch süßer, noch verlockender, noch unwiderstehlicher, und die halbe Kalksteinstadt verfällt in Küsse und Liebkosungen. Niemand muss sich die Ohrenmuschel mit Bienenwachs stopfen, niemand muss sich von den eigenen Kameraden an Händen und Füßen mit festumschlungenen Seilen an den Mastbaum binden lassen. *Also steuerten wir den Sirenen vorüber,* schreibt Homer im wogenden Hexameter, *und leiser, immer leiser verhallte der Singenden Lied und Stimme.*

Königsmomente
Mandalay

- 👤 1,6 Millionen
- 🕐 4 Tage
- 📍 Myanmar

35. Straße, auch als A Street bekannt. Der ABC Mart ist ein Paradies der Zahlen und Buchstaben, wie schon die ganze Stadt. Das Mineralwasser in den Regalen heißt (mit der Chemie nimmt man es nicht so genau) H_2O, H_XO, O_2H, pH_7 und Max_2O, die Kondensmilch X_2O, OK und OK_2, der Eistee U-Tea, 1 Tea und U2 Drink.

83. Straße. Der Night Market im Westen, weit abgelegen von den teuren Restaurants, ist die heimliche Gastronomiemeile Mandalays. Am besten schmeckt das Nga Hin, Fischcurry, bei Madame Thiri. Auf kleinen Plastiktischen werden unzählige Metallschüsseln mit scharfen Saucen serviert. »Eine riesige Schüssel mit Reis und ein Dutzend Schälchen mit Curry, getrockneten Garnelen und Scheibchen von grünen Mangopflaumen«, schreibt George Orwell in seinem 1935 erschienenen Buch *Tage in Burma*. »Leidenschaftlich und enorm, weniger Mahlzeiten als Orgien, Schwelgereien in Curry und Reis.«

14. Straße. Das Shwe Taung Tarn Hotel zwischen der 88. und 89. Straße liegt nur wenige Blocks vom Königspalast entfernt, mit seinen großen, prächtigen Gärten und seinen Tausenden schlafenden Hunden. Nachts gehen die Menschen zur Ruhe, und die Köter, die bei Tag auf den heißen Asphaltplatten gelegen sind, geschwächt von der brütenden Sonne, erwachen zum Leben. An Schlaf ist nicht zu denken. Die wahren Könige in Mandalay,

einst goldene Königsstadt für Mindon und Thibaw, sind heute Snoopy, Pluto, Rantanplan.

66. Straße. Am Eingang zum Sandamuni-Tempel, einer Pagode mit 758 weißen Stupas rundherum, steht ein Polizist mit Maschinengewehr, schaut mich streng an, »Psss! Psss!«, winkt mich zu sich herüber, stellt sich hinter mich, umklammert mich, legt die Hände auf meinen Bauch, löst den Knoten meines Longyi, meines Wickelrocks, lässt mich halbnackt in den Heiligtümern stehen, knotet die Enden des Stoffes neu zusammen, zupft die Hüfte zurecht. »That's okay! You can go now.«

32. Straße. Ich stehe im Myanmar Book Store im hintersten Eck eines Warenhauses, suche verzweifelt nach einer Lektüre für die nächsten zwei Tage auf dem Ayeyarwady, hinunterschippernd in den Süden. Schulbücher, Denksportmagazine, Suduko-Rätselhefte, *Coming Home* von Rosamunde Pilcher, *Bridget Jones's Diary* von Helen Fielding, *The Catcher in the Rye* von J. D. Salinger. Schließlich ein schwarzer Buchrücken, grüne Buchstaben, *Aung San Suu Kyi* von Jesper Bengtsson, eine Biographie über das Leben der Lady, wie sie hier genannt wird. »Was? Sie wollen auch das Buch haben?«, fragt der Mann neben mir, seine Hand auf meiner. »Ich fürchte, jetzt haben wir ein Problem.« U Tin Maung ist Notar und Rechtsanwalt. Alle paar Wochen, sagt er, greift er zu einem englischen Buch, um seine Sprachkenntnisse zu trainieren. Die Auswahl ist nicht groß hier. »Ich mache ein Quiz mit Ihnen. Wenn Sie die Frage richtig beantworten, können Sie das Buch haben. Wenn nicht, gehört es mir, okay?« Ich nicke. »Wie heißt das Land, in dem Sie gerade Ihren Urlaub verbringen, Burma oder Myanmar?« Dieses Land heißt Burma und wird immer Burma heißen, sage ich. U Tin Maung klopft mir auf die Schulter, »Well done, Sir!«, und wünscht mir eine vergnügliche Lektüre.

Jimi Hendrix und die Ziegen

Essaouira

- 85 000
- 3 Tage
- Marokko

Die Ziegen stehen in den Bäumen. Stundenlang balancieren sie auf den dornigen, knorrigen Ästen und machen sich über die saftigen Früchte der heiß umkämpften Arganien her. Touristen bleiben stehen, lassen sich für etwas Bakschisch vor den meckernden Bäumen fotografieren. »Die Tiere nehmen uns einen Großteil der Arbeit ab«, sagt Tabira. Die junge Frau arbeitet in einer Argan-Kooperative, nur wenige Kilometer vor den Stadtmauern von Essaouira. »Denn sie essen das harte Fruchtfleisch, das für uns Menschen ungenießbar ist, und scheiden die Kerne aus, die sie nicht verdauen können. Und in genau diesen Kernen befinden sich die Arganmandeln, aus denen wir dann das Öl pressen. Da, probier einmal!«

Wir fahren mit dem Pick-up in die Stadt. Zweimal pro Woche kommt Tabira her, mietet einen kleinen Marktstand in den Arkaden der Avenue de l'Istiqlal, eine Straße wie im Mittelalter, staubig und archaisch, und verkauft das leuchtend flüssige Gold in kleinen Fläschchen an Touristen und Gastronomen. Ein peitschender Atlantikwind weht durch die Gasse, eine Wolke aus Sand und Salz vor sich herwirbelnd. »Achtung, Sand! Jetzt sag aber bloß nicht, dass du in deinem Text etwas über Jimi Hendrix schreiben wirst. Du glaubst doch den Scheiß, der einem hier an jeder Straßenecke erzählt wird, nicht wirklich, oder?«

Essaouria, einst eine portugiesische Hafenstadt, die Kaimauern und Wachtürme erinnern daran, hat sich in den letzten Jahrzehnten ein Image als Künstlerenklave und Aussteigerparadies aufgebaut. Die engen, weiß getünchten Straßen sind voll mit Stoffgeschäften, Tischlereien und kleinen, verträumten Galerien. Ende der Sechzigerjahre war die Stadt im Hippie-Fieber. Und das ist sie bis heute. Andy Warhol, Leonard Cohen, Cat Stevens, Bob Marley und Jimi Hendrix sollen hier ein paar Tage verbracht und sich in die Stadt verliebt haben. Hendrix, heißt es, soll hier sogar seinen Song *Castles Made of Sand* geschrieben haben. In der ganzen Stadt ist sein Gesicht zu sehen, auf Fenstern, auf Türen, auf riesengroßen Ziegelmauern. »Das waren Weltstars damals, da war jeder irgendwo irgendwann einmal, aber die Touristen kaufen einem wirklich jedes Jimi-Hendrix-Märchen ab. Immerhin weiß Essaouira, sich gut zu vermarkten.«

Tabira stellt ihre Steinmühle auf die Straße, packt ihre Sachen aus, darunter Öl, Honig und geröstete Mandelkerne, ein paar Taschentücher und Servietten, und setzt sich auf einen kleinen Schemel. In stundenlangen, ewig gleichen Bewegungen mahlt sie aus den mitgebrachten Zutaten die wahrscheinlich köstlichste Paste der Welt. Amlou, das Nutella Marokkos, zähflüssig und mit einer Geschmeidigkeit, die die Zunge in den Wahnsinn treibt. Das Etikett auf dem Glas zeigt ein Foto mit in den dornigen, knorrigen Baumkronen stehenden Ziegen und ein paar goldig braunen Mandeln im Vordergrund. Ich koste von der Paste, kann nicht aufhören zu löffeln, frage sie, wie das eigentlich so ist mit den Ziegen ... warum sie nicht nur kurz raufspringen und fressen, sondern stundenlang wie versteinert in den Bäumen stehen. Tabira lacht. »Du meinst die Jimi-Hendrix-Ziegen am Straßenrand? Für Bakschisch, mein Lieber, machen wir alles.«

Erdbeer oder Schokolade
Havanna

- 2,2 Millionen
- 1 Woche
- Kuba

Im Eissalon Coppelia. Der runde Pavillon im kleinen Park zwischen den Straßen 21, 23, L und K hat sich ins kollektive Gedächtnis der Kinogeschichte eingebrannt. Diego, ein schwuler Künstler, der mit christlichen Statuen arbeitet und verrückt ist nach Erdbeereis, hat sich in den jungen David verliebt. Doch der steht auf Frauen und gefrorene Schokolade. *Fresa y chocolate*, 1994 erschienen, ist eine mal schöne, mal traurige Liebeskummergeschichte zwischen zwei Männern, einer Frau und einer Stadt. Am Ende ist die sich langsam entwickelnde Freundschaft zwischen David und Diego nicht mit dem politischen System vereinbar, und der schwulere der beiden muss das Land verlassen.

Ich bin mit dem Bus gekommen, stelle mich an der Theke an, um *Erdbeer und Schokolade* auf meine, nicht sonderlich originelle Weise zum Leben zu erwecken. Sowohl die Eismarke als auch der an Oscar Niemeyer, Eero Saarinen und Pier Luigi Nervi erinnernde Betonkuppelbau wurden 1966 aus der Taufe gehoben. Was weder Architekt Mario Girona noch Filmregisseur Tomás Gutiérrez Alea geahnt hätten, ist die Zweiteilung der eigentlich organisch ineinanderfließenden Kräfte. Die rechte Schlange ist für die Einheimischen, die linke für die Touristen. Rechts gibt es das Eis in gelben Plastikschüsseln, links in Metallschalen mit Keksen und Schlag-

118

obers. Rechts zahlt man 4 CUP, vier Pesos cubanos, links 4 CUC, vier an den Dollar gekoppelte Pesos convertibles. Das Eis schmeckt mir nicht. Mein Film ist kaputt.

Die Bilder, die dieser Tage auf mich einwirken, zählen zu den intensivsten meines Lebens. Das schwarze, nächtliche Havanna mit den viel zu wenigen, viel zu schwachen Laternen. Die durchnummerierten und durchbuchstabierten Straßen, die keinen Systemunterschied machen zwischen der Stadt der Lebenden und der Necrópolis Cristóbal Colón. Die kilometerlange Strandpromenade Malecón mit den Tausenden auf der Kaimauer sitzenden, nach Florida blickenden Menschen. Die buckligen Buicks, Plymouths, Pontiacs, Studebakers und Chevrolet Bel Airs, die Havannas Straßen in einen Jurassic Park der Automobilgeschichte verwandeln. Die schweren Sattelschlepper mit ihren zu Buskabinen umgebauten Anhängern, die sich mit wütenden Abgaswolken durch den Verkehr arbeiten. Die kleinen, schnuckeligen Paladares, die meist im ersten oder zweiten Stock untergebrachten Privatrestaurants, mit ihren ewig gleichen Pollo-Buey-Arroz-Frijoles-Langosta-Menüs. Und dann: *My Mojito in La Bodeguita, my Daiquiri in El Floridita*, wie Ernest Hemingway, der hier 20 Jahres seines Lebens verbrachte, auf ein Stückchen Papier geschrieben haben soll.

Wie gern hätte ich Havanna in mein Herz geschlossen, das Havanna der CUP-Menschen, nicht jenes der CUCs. Trotz der schönen Bilder aber will es mir nicht und nicht gelingen, in die Tiefe dieser Stadt vorzudringen, ich bleibe Tourist in einer eigenen, parallelen Wirtschafts- und Realitätskonstruktion, Havanna macht mich wütend. *Fresa y chocolate* hatte es sich zur Aufgabe gemacht, ein Plädoyer zu halten, um zwischen Lebensalltag und politischem System eine Symbiose zu schaffen. Diego ist daran gescheitert. Ich auch.

Fremdling us'd Yoropa
Nappanee

- 6 700
- 2 Tage
- Indiana, USA

Stille in der Scheune. Das Gebet fängt gleich an. Steven Yoder betritt den Raum, in dem bereits dreißig Familien in ihren feinen Zwirnen und weißen, steif gestärkten Capes Platz genommen haben, er ist der Gastgeber am heutigen Sonntag, zieht den Hut vom Kopf, legt ihn zu den anderen siebzig, achtzig Männerhüten ins Regal, geht an seinen Platz, verbeugt sich. *Unscha Faddah im Himl, dey Nomen loss heilich sey, dey Reich loss keyma. Dey will loss gedun sey, uf'd Eaht wi a im Himl.* Zwei Stunden lang wird gebetet, aus der Bibel gelesen und gesungen. Kein Keyboard, keine Blockflöte, kein Gitarrenklang. Statt auf einen Altar zu blicken, wird das Scheunentor geöffnet, und man schaut hinaus auf goldene Weizenfelder und Goddes Himl.

»Es Leba isch enfach, oba scheyn«, sagt Yoder nach dem Gebet. »Und heyt hen ma no an Gascht us'd Yoropa, wos keymt von quasi gleyhn Lond wie demalsch unschre Voreldre g'leba hen. Scheyn, wos do bischt!« Im nächsten Augenblick schon werden die Bänke umgestellt, die Tische mit Schüsseln und Tellern gefüllt, die Limonaden ausgeschenkt. Ich sitze am Tisch mit den Millers und den Hochshtetlers, mit den Slabeughs und den Peterscheins. Es gibt Brot, Marshmallow-Creme, *Burro*, Butter, *Abbelbudder*, Apfelmarmelade, *Rotriebe*, eingelegte rote Beete, und *Weleshken*, gekochten Kukuruz. Dazu servieren die

Gastgeberinnen *Lutbeg*, selbst gebrauten Cidre. »Isch enfach, oba es mech sadd.«

Nach der Agape setzt sich Yoder zu mir. Flüstert mir im wunderschönsten Pennsylvania-Doytsch ins Ohr. Ich freue mich wie ein Kind. Wenige Minuten später stehen wir schon in seiner Garage, und er zeigt mir seinen nigelnagelneuen Buggy. Mit den altmodischen Amish-Kutschen, die man aus dem Kino kennt, hat das schwarze Gespann nicht viel gemein. Die moderne, eckige Karosserie erinnert an eine High-Tech-Droschke, an einen futuristischen Graf Dracula, Spielzeit irgendwann Mitte des 21. Jahrhunderts. Ich klopfe gegen die Karosserie. Überraschend leichter, überraschend hohler Klang.

»Alles Fiberglas! 150 Kilogramm Leergewicht. Und oben auf dem Dach gibt es Photovoltaik-Zellen für die LED-Lampen«, sagt Yoder. »Das ist das neueste Modell, wird bei uns in der Gegend produziert. Ist zwar nicht das billigste Dachwägle am Markt, 9 000 Dollar mit allem Drum und Dran, aber dafür müssen die Gaule nicht mehr so viel schleppen wie bei einem normalen Buggy wie von vorgeschtl.« Draußen vor der Garage stehen die Pferde, alle Pferde, die von Millers und den Hochshtetlers, von den Slabeughs und den Peterscheins, werden gerade gefüttert. Kurz geht ein lautes Wiehern durch die Stille des Weizenlandes.

Später am Nachmittag. Ich sitze mit den Yoders und ihren Freunden und Verwandten im Garten unter dem großen Baum, es gibt Kamilleneistee und frisch gepufften Kukuruz. »Sonntagsparty!« Abe Borkholder, einer der Eldeschen, der Kirchenältesten in der Gemeinde, greift in seine Popcorntüte und späht hinüber zu meinem knallroten Mietchevrolet, vorne vorm Haus. »Mehr als ein PS, was? Amen! Können wir einmal eine kleine Spritztour drehen, Fremdling?«

Die Schweiz in Afrika
Bulawayo

- 655 000
- 10 Stunden
- Simbabwe

»Was Gutes zum Essen also? Vielleicht ein Kruassan?«
Nomagugu schickt mich hinaus aus dem Bahnhof, die
Thirteenth Avenue nach rechts, die Straßen und Boule-
vards sind hier zwar durchnummeriert, die Zahlen aber
ausgeschrieben, wenngleich nicht immer den Regeln des
Oxford Dictionary folgend, über die Main Street drü-
ber, immer geradeaus, und dann, nach ein paar Blöcken,
die Fife Street nach links. »Haefeli's«, sagt sie, »ist ein
wirklich gutes Lokal«, sie muss es ja wissen, schließlich
stammt ihr Name, wie sie mir im Zug noch erklärt hat,
aus der Sprache der Ndebele und heißt so viel wie Mutter
des Schatzes, wie Hüterin der wertvollen Dinge.

Bulawayo, der zweitgrößten Stadt des Landes, wird
in internationalen Rankings immer wieder ein schlech-
tes Zeugnis ausgestellt. In einer Studie des Schweizer
Forschungsinstituts an der EPFL, der École Polytech-
nique Fédérale de Lausanne, wird sie sogar als eine der
schlimmsten Großstädte Afrikas bezeichnet. Für mich
ist Bulawayo ein heimlicher Hort des Humors, und die
Schweizer, die sind ja nur neidisch. Kaum hat man die
sechs Kühltürme des Elektrizitätswerks, die wie in den
Himmel betonierte Affenbrotbäume vor dem Bahnhof
stehen, hinter sich gelassen, entwickelt dieses in den
1840er Jahren gegründete Städtchen, das sich trotz seiner Größe etwas Kleines und Beschauliches bewahrt hat,

einen ganz eigenen, irgendwie unafrikanischen Charme mit viktorianischen Häusern, hölzernen Veranden und öffentlichen Bauten aus den Jahren des Art Déco.

Breite Alleen, links und rechts von einstöckigen, fast märchenhaften Villen gesäumt, führen mich durch die Stadt, und je tiefer ich ins geschäftige Zentrum vordringe, desto öfter wird die Straßenmitte als spontaner, nicht markierter und auch nicht ausgeschilderter Parkplatz genutzt. Es ist neun Uhr morgens, und die Stadt füllt sich allmählich mit weißen und hellblauen Pick-ups. Rechts vorne dann, endlich, ein niedriges Haus mit Ziegeldach, hölzernen Gaupen und einem roten Fähnchen mit weißem Kreuz: *Haefeli's Swiss Bakery.* Die Einrichtung gleicht einer Art Schwyzer Älpli-Hütte mit Wandvertäfelung, hölzernen Stühlen mit ausgeschnittenen Herzchen in der Lehne und rot-weiß karierten Tischtüchern. In einem Glas steckt ein kleines Edelweiß aus Plastik.

Auf der Speisekarte stehen *Swiss ham, Emmental cheese, Bündner meat (kudu and/or springbock), Zurich schnetzels with mushrooms and potatoes,* und natürlich *Kruassan al beur with or without apricot jam.* »Yes«, sagt Moreblessing, als ich sie nach den Hintergründen der Schweiz-Simbabwischen Freundschaft befrage, auf ihrem Schild steht General Manager, und ihre Ausstrahlung ist von der Schweiz so weit entfernt wie schnetzels von Geschnetzeltem, »we like Swissland, and we very much like Swiss bakery.« Am Nachmittag gehe ich in den Bulawayo Club, ein altes, mittlerweile etwas schäbiges Kolonialhaus aus dem Jahr 1935, Fort Street Ecke Eighth Avenue, vorbei an der Statue des britischen Kolonialisten Cecil John Rhodes, der damals über die Stadt wachte, und bestelle einen Kaffee und a choice of Swiss chocolate. *Be taken back to a time less stressed and less cynical,* steht in einem Schaukasten neben der Eingangstür.

Zwölf einsame Töne
Reykjavík

- 125 000
- 4 Tage
- Island

»Ein Wahnsinn, oder? Ich kann mich nicht erinnern, dass wir um diese Jahreszeit jemals solche Temperaturen hatten.« Larus Johannesson hat die Lautsprecher auf die Straße gestellt und die Stadt in einen Open-Air-Shop verwandelt. Aus den Boxen dringt Útidúr, eine Mischung aus Indie-Pop und isländischer Ballade. Bass, Trompete, gläserne Stimme: *Sun is in the air, and I've been going everywhere, taking my time gathering thoughts. One stroke a time, a million miles from everywhere, careless for a while, I swallow my smile.* Singt mit, summt mit, tanzt mit den Augenbrauen.

Larus, schwarze Brille, grau melierte Welle, betreibt einen kleinen CD-Laden in der Skólavörðustígur, nur wenige Schritte von der Hallgrímskirkja entfernt, die wie ein 75 Meter hoher Betontroll am Ende der Straße thront, aber was will das schon heißen, in einer Stadt, die zwischen Zentrum und letztem Zipfel der Halbinsel ganz und gar aus nur wenigen Schritten besteht? Der kleine Laden sieht aus, als würde Larus Wolle oder Fischereizubehör verkaufen, beige Holzlatten, grünes Blechdach, ein Stiegenaufgang an der Seite, doch in Wahrheit ist 12 Tónar einer der berühmtesten Musikstores Europas, Treffpunkt für Björk, Sigur Rós und Apparat Organ Quartet. Und ganz nebenbei der Beweis, dass man auf wenigen Quadratmetern Spontankonzerte machen kann.

Und stundenlange DJ-Sessions an der frischen Luft. Und den kürzesten Espresso der Stadt.

16 Grad Celsius also. Und das Ende August. Halb Reykjavík ist aus dem Häuschen, trägt Adidas-Sporthosen, hoch geschnitten bis ins Glück, ärmellose Rudershirts und Flipflops an den Füßen. Und dann sitzen sie da, trinken Virgin Colada und eiskalten Latte Macchiato und wippen mit den Füßen zu Útidúr. *It makes you wanna dance, it is true, it can do in a silent dance. We'll set the beat with our metronome feet, we'll dance while we are mourning, first we must conquer the music so loud.*

»Weißt du, Island ist ein Land wie kein anderes. Wir sind hier einsam und abgeschieden. Manche unserer besten Musiker leben in alten, seit Generationen vererbten Torfhäusern irgendwo im Landesinneren, kilometerweit weg von der nächsten Siedlung«, sagt Larus, »und ich glaube, das ist auch der Grund für diese so unverwechselbare Musik. Die isländische Musik ist ein Ausdrucksmittel, sie ist eine Sprache für sich, sie ist unser Ventil für die unendliche Leere und Einsamkeit hier draußen.«

In der Lambhagavegur, direkt neben der großen Ausfallstraße Richtung Norden, wurde am 5. Mai 2012, nach vier Jahren Leerstand, eine Folge der globalen Finanzkrise, der neue Bauhaus-Markt in Betrieb genommen. Das Angebot der Schweizer Baumarktkette wird rege angenommen. Am Samstag wird das Geschäft von Hunderten Isländern gestürmt, die hier die nötigen Mittel kaufen, um die Leere und Einsamkeit zu verbauen: Bauholz, Wellblech und Tonnen von Zement. Die ersten Häuschen, die wie Versatzstücke aus dem Baukatalog im Brachland stehen und immer dichter aneinanderrücken, sind schon fertig. Wie wird dieses Land in zehn, zwanzig Jahren klingen? *If you really wanna stay, if you really, really wanna stay, I'll move away.*

Mythos des Augenblicks

Marseille

- 855 000
- 4 Tage
- Frankreich

Ein Spitzbogen quer durch den ganzen Raum, glatt verspachtelt, hellblau lackiert. Eine Nische in der Wand, mit einer kleinen Moschee aus Gips, auf Knopfdruck schaltet sich ein Lämpchen ein. Im Parkettboden ist eine Intarsienarbeit eingelassen, eine knarrende Millimeterspielerei aus verschiedenfarbigen Holzstäbchen, ein maurisch-byzantinisches Fantasiekastell. Und draußen, hinter den vielen flatternden Vorhangstoffen der Chambre Numéro 15, liegt La Grande Bleue, das Mittelmeer.

»Wie Sie sehen, Monsieur, war mein Vater ein ziemlich kreativer Kerl«, erzählt Joséphine Baiada-Estruy. »Und er hatte einen Freund, einen Maler, der war noch kreativer, und eigentlich noch durchgeknallter, das war Monsieur Bourbiau, man nannte ihn auch Boul. Diese beiden Herren jedenfalls haben manchmal ein bisschen zu tief in die Flasche geschaut, was allerdings den nennenswerten Vorteil hatte, dass sie die Stunden der alkoholischen Beeinträchtigung dazu nutzten, das Haus zu sanieren und die Zimmer zu gestalten. Das Resultat dieser sinnlichen Ausflüge, Monsieur, das sehen Sie ja selbst. Was soll ich Ihnen da noch sagen?«

Die Zimmer im flamingorosa gestrichenen Hôtel Péron, einem leicht klebrigen Belle-Époque-Palästchen, einer in die Jahre gekommenen Zeitmaschine an der Corniche Président John Fitzgerald Kennedy, sind in unterschiedlichen Stilen eingerichtet: Asien, Arabien, Bretagne, Burgund, Provence. »Und einen Zimmerstil und eine Zimmernummer, Monsieur, erlaube ich mir, Ihnen schuldig zu bleiben«, sagt die 94-jährige Hausherrin. »Denn dieses Zimmer bewohne ich selbst. Und das Letzte, das ich anstrebe, ist, mich in meinem Alter noch ungebetener Besuche zu erwehren.«

Eine halbe Stunde später, am Cours Julien, Metrostation Notre-Dame du Mont. »Marseille ist eine wunderschöne Stadt, und der Cours Ju war immer eine Straße für alle«, sagt Jean-Luc Friedlingstein, Dreitagesbart, ein Glas Tee in der Hand. Er betreibt einen kleinen Buchladen, Le Bookineur, der auf Kunst, Philosophie und Psychologie spezialisiert ist. Es riecht nach Leder, Staub und Pergament. »Doch mit der Europäischen Kulturhauptstadt 2013 hat sich alles verändert. Überall wird gebaut, hier ein Museum, dort ein Kulturzentrum, ein neues Dach über dem Hafen, und die ganze Stadt ist Baustelle.« Der stille Herr wird immer lauter. »Auch hier am Cours Ju. Die Clochards, die Obdachlosen, die hier immer zu Hause waren, wurden von der Politik von heute auf morgen vertrieben und müssen sich nun ein neues Zuhause suchen. Anstatt sich den wahren Problemen dieser Stadt zu widmen, steckt man das Geld in Prestigeprojekte. Und Marseille ist tot.« Und dann, ganz unfranzösisch: »That's bullshit!«

Am Samstag findet am Cours Ju der Bücherflohmarkt statt. *Mythologies*, Mythen des Alltags, von Roland Barthes, Éditions du Seuil, beige, grün und gold, eine Originalausgabe von 1957, Seite 182: *Certains objets deviennent proie de la parole mythique pendant un moment, puis ils disparaissent.* Manche Objekte werden Beute des mythischen Wortes nur für einen Augenblick, dann verschwinden sie wieder.

Die halbe Welt
Isfahan

- 1,9 Millionen
- 3 Tage
- Iran

Seine Hände sehen aus, als wären sie tätowiert. Wilde Ornamente, Fragmente von Strukturen wandern hoch bis zu den Ellbogen. Unter den Fingernägeln sind, Schwarz und Indigo, die Spuren des langen Arbeitstages zu sehen. »Es ist ein schöner, ein intensiver Job, weil er eine Jahrhunderte alte Tradition weiterleben lässt«, sagt Mohammad Rezar. Vor ihm der Drucktisch, 40 Zentimeter über dem Boden, neben ihm alte, aufgeschnittene Ölfässer mit dicken, pastosen Farben, hinter ihm eine kleine Müllhalde aus ausgepressten, ausgequetschten Granatapfelschalen, eine Lacke aus tiefrotem Saft. »Ich kenne keinen einzigen künstlichen Farbstoff, der auch nur annähernd an das strahlende Leuchten der Granatapfelkerne und der Schale herankommt. Rot ist die einzige natürliche Farbe, die wir uns noch leisten. Die restlichen Farben beziehen wir aus der Türkei. Das ist billiger.«

Mohammad ist Stoffdrucker, sogenannter Chitsazan. Gemeinsam mit seinem Vater Hassan Ali leitet er eine Werkstatt, Tonnengewölbe, Tonnen von Stoff, in einem der Innenhöfe des Bazars, am Ende eines der langen, sich mehrmals verzweigenden Gänge. Die meiste Zeit sitzt er auf dem Boden, kugelrunder Bauch, je runder die Kugel, desto dunkler das Hemd. Mohammad ist für das Drucken zuständig, sein Vater mischt die in Plastikgebinden angelieferten Farbpigmente an, seine Frau und seine

Mutter kümmern sich, vorne im Bazar, um den Vertrieb und Verkauf der fertigen Deckchen und Tischtücher.

»Die meisten sehen in den Drucken einfach nur ein schönes Ornament«, sagt Mohammad, reibt einen der hölzernen Druckstempel gerade im granatapfelroten Saft. »Aber ich … ich erkenne darin Bilder, Momente und ganze Straßenszenen in Isfahan. Und wenn du lang genug im Geschäft bist, dann kennst du nach einer Weile jedes Eck in dieser, wie ich meine, schönsten Stadt der Welt.« Als der französische Schriftsteller und Marine-offizier Pierre Loti um die Jahrhundertwende nach Per-sien kam, fühlte er sich von der Schönheit dieser Stadt so hingerissen, dass er beschloss, seine Eindrücke zu verewigen. *Und dann, wie im Theater, wenn der Vorhang aufgeht, treten zwei öde Hügel auseinander, und dahinter enthüllt sich langsam der Garten Eden,* schreibt er in sei-nem 1904 erschienenen Buch *Nach Isfahan.*

Und dann, wie im Theater, wenn der Vorhang auf-geht, rückt die Dunkelheit des Bazars zur Seite, und da-hinter eröffnet sich mit einem Mal ein tiefer, langer Platz mit Arkadengängen, in denen sich Teppichhändler und Kupferschmiede niedergelassen haben, und großen, stolz sich in den Himmel erhebenden Palästen und Moscheen mit glasierten Keramikfayencen in Weiß, Gelb, Gold, In-digo und Aquamarintürkis, die die ganze Pracht in blu-mige Ornamente und üppig geschmückte Koransuren hüllt. Es ist, als könnte ich darin Mohammads Passmar-ken und vorsichtig aufgetragenen Stempeldrucke lesen. Der Meydan-e Imam ist einer von 15 Unesco-Plätzen im ganzen Land, und vielleicht so etwas wie der mit Farbe und Schönheit bis zur Unerträglichkeit gesättigte Höhe-punkt einer mich lachen und weinen machenden Stadt. *Esfahan, nesfe djahan,* besagt ein persisches Sprichwort. Isfahan, das ist die halbe Welt.

V.

Vientiane

- 👤 350 000
- 🕐 3 Tage
- 📍 Laos

Die einen sagen Vin Schaan, die anderen Vi Eng Tschan, wiederum andere Vi En Siane. Die Aussprache variiert nicht nur regional, sondern auch lokal, ja mitunter sogar innerhalb des eigenen Stadtgebiets. Und am Ende weiß kein Mensch, wie die laotische Hauptstadt nun tatsächlich beim offiziellen Namen genannt werden will. »Entspann dich«, wird Bradley am Abend sagen. »Das ist das luxuriöseste Problem, von dem ich je gehört habe! Ganz ehrlich? Genau das ist das Tolle an dieser Stadt. Alle sind cosy und relaxed, und es liegt ganz an dir, wie du die laotische Hauptstadt aussprechen möchtest. Ich sage jedenfalls Vien Tschaaan.«

V. liegt direkt am Mekong, Flusskilometer 2 400, und bedeutet wörtlich übersetzt so viel wie Stadt (Vieng) des Mondes (Chan). Vielleicht ist es Zufall, vielleicht feinstoffliche Fügung, vielleicht eine Konstruktion des Kosmos, dass die Stadt wie ein Sichelmond in der Mekongbiegung liegt, dass die Hauptstraßen leicht gekrümmt dem Fluss folgen, dass die Besiedelungsgrenzen vom Weltraum aus betrachtet wie ein Abbild des zunehmenden Erdtrabanten scheinen. *Was du heute denkst, wirst du morgen sein,* soll Buddha gesagt haben.

Das Stadtzentrum besteht aus zwei parallel zueinander verlaufenden Straßen, Thanon Samsenthai und Thanon Setthathilath, gesäumt von Bäumen, Grünstreifen und mit LKWs zugeparkten Tempelanlagen. Überall Banken, Wechselstuben, Geldautomaten, Kreditinstitute und Finanzdienstleister mit schwarz-gelb afficherter Western-Union-Lizenz. Und dazwischen Mopeds, Autos, Busse, stehend, rollend, hupend, vollgestaut zu jeder Tages- und Nachtzeit. An den Hausfassaden Chrom, Edelstahl, weiße Fliesen, silberne Aluminiumpaneele und blau getönte Scheiben bis hinauf, wo der Himmel beginnt. Asiatische Postmoderne. Als wäre die Uhr Anfang der Neunzigerjahre stehen geblieben. Ich bin verwirrt und orientierungslos, schaue nach in meinen Notizbüchern: *Kleinste Hauptstadt Asiens. Schaut aus wie ein Gewerbepark. Die Stadt ist so lasch und so konturlos wie der Klang ihres eigenen Namens.*

»Du bist aber schon ziemlich streng«, sagt Bradley am Abend bei einem Bier am Quai Fa Ngum, hinter uns der Night Market, vor uns der dunkelschwarze Mekong, irgendwo da drüben Thailand. Bradley Davis Schroeder, gebürtiger US-Amerikaner und seit 2013 glücklicher Wahllaote, bezeichnet sich selbst als Bicycologist und kümmert sich als freischaffender Consultant um die Implementierung von Radwegnetzen und Bicycle-Sharing-Systemen in asiatischen Städten. »Für dich ist Vientiane vielleicht ein bisschen gesichtslos, was ich, ehrlich gesagt, überhaupt nicht nachvollziehen kann, aber für jemanden wie mich ist diese Stadt das perfekte Spielfeld, um neue, innovative Systeme auszuprobieren und auf andere Städte übertragbar zu machen. Vientiane ist ein bewegliches System, da gibt es Hoffnung, trotz aller Probleme. In Hanoi, Saigon und Bangkok ist es dafür längst schon zu spät. Verstehst du jetzt, warum ich Vientiane so liebe?«

Bradley meint es echt ernst mit V. Ich muss schon wieder an Buddha denken. *Mit unseren Gedanken erschaffen wir die Welt.*

Golf spielen war sein Leben
Sun City Center

- 👤 19 500
- 🕐 3 Stunden
- 📍 Florida, USA

»Hello! Welcome to Sun City Center! Wenn Sie hier sind, um sich nach einem Lebensort für Ihre Eltern umzusehen, dann kann ich Ihren Eltern nur gratulieren, denn sie haben einen wirklich vorbildlichen Sohn! Am I right or what?« Und dann stupst mir Lauren-Annemarie, ich darf Lauren sagen, mit ihrem Zeigefinger auf die Nase. »Also, was kann ich für Sie tun, junger Mann?«

Sun City Center wurde 1961 gegründet, von einem gewissen Del E. Webb, und ist eine von rund 20 Sonnenstädten in den USA und einer Handvoll weiterer, über den ganzen Globus verstreuter, in denen man genüsslich dem Sonnenuntergang des eigenen Lebens entgegentreten kann. Und das, sagt Lauren mit einer Euphorie in ihrer Stimme, als würde sie gerade eine Horde Kinder durch eine Schokoladenfabrik führen, kann richtig Spaß machen. »Wir haben Tennisplätze, Bowlingbahnen, Fitnesscenter, beheizte Indoor- und Outdoor-Pools, Club- und Hobbyräume, ein tausend Quadratmeter großes Theater mit allem, was dazugehört, Supermärkte, unzählige Restaurants und Coffeeshops, eine Walgreens Pharmacy mit Drive-thru-Schalter, weil man weiß ja nie, eine Bingo-Halle mit einem eigenen Bingo-Komitee und sogar ein eigenes Sun Radio auf 96,3!«

Aber die größte Spezialität in Sun City Center, im Sunshine State Florida, Lauren drückt mir einen Katalog in die Hand, sind die vielen, vielen Golfplätze mit, believe it or not, insgesamt 162 Löchern. »There, honey, you can play golf until you literally die!« Und das passiert in Sunset City Center, ein Drittel aller Sun Citizen sind aktive Golfer, gar nicht so selten. Erst kürzlich, sagt sie, hat es wieder jemanden erwischt, direkt am Green, auf dem Weg zum 18. Loch. »I mean, can you believe that? But, you know … Playing golf was his life. I think that's pretty fair in the end. Am I right or what?«

Ich drehe eine Runde mit dem Auto. Die Straßen krümmen sich wie Schlangen zwischen den Häusern hindurch, in den Vorgärten ist kein Grashalm länger als ein Inch, die Auffahrten sind in kühlen Pastellfarben gestrichen, mal swimmingpoolblau, mal mintgrün, mal lila, neben den Postkästen stecken Fahnen in der Wiese, *I voted for John McCain* und *Obama is not my president*, und immer wieder sind auf der Straße, auf dem Weg vom 18. Loch nach Hause, weiße Golf-Carts mit kleinen Reifen und amerikanischen Fähnchen zu finden, die eigens für Sun City Center eine Nummerntafel und eine Straßenzulassung bekommen haben.

»Warum wir hier wohnen?«, sagt Joe, 1406 Fox Hills Drive, pinkfarbenes T-Shirt, Gartenschlauch in der Hand, während gerade die Birckheads vorbeispazieren, drei Häuser weiter, 1412, die mit der türkisen Einfahrt. »Bob, Evelyn, kommt mal her! Der junge Herr will wissen, warum wir hier wohnen.« Na ja, sagen sie nach einer Weile, weil sie endlich mal ein sorgenfreies Leben haben wollten, ohne Angst, ohne Stress, ohne Kriminalität. »So richtig zurücklehnen und das Leben genießen. You know, what I mean?« Vor einem der Häuser ist gerade die Ambulanz vorgefahren. *Sun City Center Volunteer Emergency Squad, Neighbors Helping Neighbors*. Der Rettungswagen steht in einer Sackgasse. Dead End.

Das Ende ist die Hälfte von 8
Seoul

- 👤 10,2 Millionen
- 🕐 3 Tage
- 📍 Südkorea

Subway Linie Nummer 2, Station Euljiro 1-ga, hier muss es sein. Schon seit ich in den Zug gestiegen bin, will ich wissen, was es mit der Ziffer 1 auf sich hat. Die Türen öffnen sich, ich steige aus, das Hotel ist nicht weit. Ab in den Süden, die Namdaemun-ro entlang, ein paar Blocks nur, beim 7-Eleven nach links, hat er gesagt, und dann rein in die Myeongdong-gil, immer geradeaus. Rechts zweigen die geraden Seitengassen ab, Myeongdong 2-gil, Myeongdong 4-gil, Myeongdong 6-gil, links die ungeraden, von Myeongdong 1-gil bis Myeongdong 13-gil. Ein Land der Logik, denke ich mir, so logisch durchorchestriert wie die Hotelzimmer entlang eines langen Mittelkorridors. Rechts vorne liegt mein Hotel, J Hill, an der Ecke zur 10. Gasse.

Am Nachmittag treffe ich Kim. Eine lange Geschichte, so lang wie die Einträge aller Kims im südkoreanischen Personenregister. Wir unterhalten uns über das Leben, über Südkorea, über die faszinierende Welt der Zahlen und Strukturen im koreanischen Alltag. »Ich sehe schon, du magst Korea«, sagt Kim. »Dann lass mich dich entführen! Ich mache mit dir einen Ausflug in die Welt der Sprache.« Kurz darauf bekomme ich einen harten Crash-Kurs in Koreanisch. Ein kleines Dach ist ein S. Ein eckiger Zweier ist eine Mischung aus L und R. Ein Quadratschädel mit zwei Hörnchen ist ein B, und manchmal auch ein W. Erst das Alphabet, dann das Zusammenführen der Buchstaben, schließlich das Lesen ganzer Worte. Auf der Speisekarte, auf dem U-Bahn-Faltplan, auf Kims himmelblauem Personalausweis.

Seit diesem heißen Tag im August kann ich Koreanisch lesen und schreiben, und so wie damals habe ich keinen blassen Schimmer, was ich da gerade in mich aufnehme oder von mir gebe. Und dann schreibt mir Kim in möglichst schöner Schrift einen Satz auf die Serviette. Ich arbeite mich Silbe für Silbe vor, spreche die Worte erst langsam, schließlich etwas zügiger aus. *Shi, jak, i, ban, i, da. Shijaki banida.* »Der Anfang ist die Hälfte des Weges«, sagt Kim. Meine Augen, denke ich mir, die müssen jetzt ziemlich leuchten.

Etwas später. Ich habe Hunger. Ein uriges Lokal, nehme ich mir vor, das soll es werden an diesem ersten Abend ganz allein in Seoul. Ich spaziere durch die Downtown, zähle die Straßen, die Seitengassen, die Nebeneingänge, dechiffriere die Straßennamen, die Schriftzüge an den Fassaden, die Werbeslogans auf den Bussen. Mit jedem Schritt bestätigt sich das System. Kein Fehler in der Matrix.

Ein uriges Lokal in der Jong-ro 16-gil also. Hinauf in den zweiten Stock. Nakji bokkeum, eine Art Eintopf mit Tintenfisch und Kimchi. »Wie viele Tentakel?«, fragt der Kellner? Ich bin verwirrt, entscheide mich für die goldene Mitte. Four, please! Wenig später wird das Gas am Tisch angezündet, die Pfanne kommt, der Kellner nimmt den Oktopus, kleines Köpfchen, vier Fangarme, der sich in seiner Hand noch windet und mit den Saugnäpfen an der Schere festsaugt, und dann wird geschnipselt. *Logik ist der Versuch, nach einem von uns gesetzten Seins-Schema die wirkliche Welt zu begreifen.* Friedrich Nietzsche.

Fliegt mit dem Schneehuhn davon
Kiruna

- 17 000
- 3 Stunden
- Schweden

»Natürlich werden wir mitgehen«, sagt Janne Lindgren.
»Ich verstehe, dass einige Menschen traurig sind, weil
jetzt ein neues Leben beginnt. Aber es ist nun einmal so,
dass die Stadt ihre Existenz dem Erzabbau verdankt, und
wenn das Erz nicht mehr weiter abgebaut werden kann,
weil die Stadt im Weg ist, dann muss die Stadt eben Platz
machen.« Lindgren ist Inhaber der Centrum-Boutique,
Meschplan 7, leitet das Geschäft, 1925 eröffnet, in dritter
Generation. *Kläder för dig,* steht draußen auf dem Schild,
und das umfasst T-Shirts, Röcke, Jeans, Blazer, Anzüge,
Outdoor-Jacken, Hüte und Krawatten, ein Tante-Emma-
Universum aus Wolle, Goretex und Viskose. Die Adresse
wird bald Vergangenheit sein.

Kiruna C, so heißt das Zentrum, ist eine der hässlichsten Städte der Welt. Sie besteht aus Holzhütten, Plattenbauten und blechverkleideten Supermärkten in der
Fußgängerzone. ICA Kvantum, braune Fassade, braunes
Dach, orangerote Plakate, die Tiefkühlerbsen und Kött-
bullar sind heute im Angebot. Der Kiirunavaara, der
große, terrassierte, zum größten Teil schon abgetragene
Erzberg im Westen, dominiert die Stadt wie ein Hoch-
seekreuzfahrtschiff den Markusplatz in Venedig. Doch
in der Vergänglichkeit, im bevorstehenden Ende, entwickelt auch dieses reiz- und gesichtslose Schneehuhn, so
die wörtliche Übersetzung, eine irgendwie berührende

Würde. Am liebsten würde man es in den Arm nehmen und einmal gut durchfüttern.

Der Erzminenbetreiber LKAB, die Luossavaara-Kiirunavaara Aktiebolag, hat andere Pläne. Nachdem die Stadt an ihren Rändern schon abgesackt ist und die ersten Häuser bereits Risse bekommen haben, weil die Minentunnels das Stadtgebiet erreicht haben, es ist die größte und wichtigste Erzgrube der Welt, 90 Prozent der EU-Erzvorkommen werden hier gewonnen, muss die Stadt um ein paar Kilometer nach Osten versetzt werden. Die Bauarbeiten, das weiß jeder, der hier lebt, sollen bald anfangen. *Hoch oben in den Lüften und Wolken, wo man sieht Wälder und Meer, fliegen nun nach Lappland die Gänse, Krümel und Nils hinterher,* hat Selma Lagerlöf 1906 geschrieben, damals, als Kiruna gegründet wurde. *Nils Holgersson, fliegt mit den Gänsen davon.*

Die meisten Häuser werden abgerissen. Nur wenige Bauwerke wie etwa die Schule, der Rathausturm oder die alte, mit ochsenblutroten Schindeln verkleidete Kiruna Kyrka, eine der größten Holzkirchen der Welt, sollen auf Trucks und Kräne verladen und im neuen Stadtzentrum wieder aufgebaut werden. Auf dem Dach der Kirche stehen zwölf Bronzestatuen. Sie zeigen das Fundament, auf denen Kiruna errichtet ist. Die einen heißen *Ingivelse*, Eingebung, *Förtröstan*, Vertrauen, und *Hänryckning*, Verzückung, die anderen *Övermod*, Übermut, *Svårmod*, Schwermut, und *Förtvivlan*, Verzweiflung. Janne Lindgren wird sein Haus schon bald an den Erzminenbetreiber verkaufen, damit er Geld hat, sich in der Neustadt in ein neues Geschäftshaus einzumieten. Er schaut irgendwie glücklich und zufrieden aus. *Der Schnee liegt weiß auf den Bergen, wilde Stromschnellen und lärmende Flüsse, Nils und seine Freunde, sie fliegen ... auf dem Weg in neue Abenteuer.*

Aug in Aug beim Tête-à-tête
Marrakesch

- 940 000
- 2 Wochen
- Marokko

»Bonjour Monsieur! Seul l'entrée? Ou avec massage? Ich bin es, der Sie heute massieren würde, und ich bin sehr gut in dem, was ich tue.« Eigentlich wollte ich mich einfach nur waschen, nach diesem langen, staubigen Tag, und ein paar Minuten auf dem heißen Stein liegen, aber diesem Angebot kann ich unmöglich widerstehen. »Une décision très bonne, Monsieur! Venez avec moi!«

Von außen wirkt der Hamam Dar el-Bacha, Boulevard Fatima Zahra, recht unscheinbar. Fast wäre ich an den in Schatten gehüllten Arkadengängen, punschkrapfenrosa gestrichen wie alles hier, vorbeigelaufen. Nur ein kleiner, handgeschriebener, an die Tür gehefteter Zettel, *Hamam*, hat den Weg ins Innere gewiesen. »Wundern Sie sich bitte nicht, dass es hier so aussieht, wie es aussieht«, sagt Saïd. »Die Touristen finden nur selten den Weg zu uns. Und, ganz ehrlich, unseren normalen Gästen ist das ziemlich egal. Dieser Raum ist einfach praktisch!« In der großen Kuppelhalle, wo man üblicherweise einen schönen Teesalon mit marokkanischen Lampen erwarten würde, ist es staubig und dunkel. An den Wänden lehnen Besen, Schaufeln, Fahrräder. In der Mitte der Halle stehen ein paar Mopeds, an denen gerade geschraubt und gebastelt wird. Ein Vogel fliegt durch die Finsternis.

Das Dar el-Bacha ist einer der ältesten Hamams der Stadt, sagt Saïd, der hier erst seit drei Jahren arbeitet.

Doch sein Vater war ganze 40 Jahre lang im Geschäft, und von ihm habe er jeden einzelnen Handgriff gelernt. »Ich hoffe, Monsieur, Sie sind nicht auf der Suche nach Rosenblättern und Geschichten aus tausendundeiner Nacht, wie in all den Touristenhamams in der Stadt, denn die gibt es bei uns nicht. Doch dafür werden Sie den Ort so sauber und so durchgeknetet verlassen, wie Sie noch nie im Leben waren!« Er öffnet die weiße Wintergartentür ins Bad, ein komplett verfliester Raum, wie eine Metzgerei mit Dampf, mit vier Sitznischen auf der einen und vier auf der anderen Seite, eine grüne Plastikschüssel mit schmieriger Paste, Savon noir, rundherum fleischiges Klopfen, Stöhnen, Schreien.

Am Abend treffe ich mich mit Moustafa. Ich hole ihn von zu Hause ab, in einer der engen, unendliche Male verwinkelten Altstadtgassen. »Bonsoir, mon ami! Und? Alle Knochen gebrochen? Du hast gesagt, du würdest gern etwas richtig Marokkanisches essen gehen heute. J'ai une idée!« Moustafa bringt mich zum Djemaa el-Fna, zum weltbekannten Platz der Gaukler. »Vergiss die Grillstationen! Die sind ganz okay, aber das ist reines Touristenzeug. Das ist bloß für die betrunkenen Amerikaner und für die Madames aus Frankreich, die sich im Souk Batikkleider kaufen und Henna-Tattoos auf die Haut malen lassen. Da drüben, der Stand mit den Kochtöpfen … Das ist Issam, da gehen wir hin!« Moustafa bestellt Tête d'agneau, Lammkopf, einen großen für uns beide. Issam fischt das Antlitz aus der köchelnden Brühe, löst das Fleisch in sekundenschnellen Handgriffen von Knochen und Kiefern und hackt das Ganze zu einem kompakten Hügel mit Ras el-Hanout, darauf, quasi als Krönung, das Hirn. »Avec les yeux, Monsieur?« Moustafa sagt Oui. Eine Schüssel, ein Schöpfer, eine Brühe mit mich anstarrenden Augen. »Bon appétit!«

Dankbare Seelen

São Luís

- 👤 1,1 Millionen
- 🕐 4 Tage
- 📍 Brasilien

Que é que vocês tão fazendo? Porra! Fora! Agora mesmo! Almas ingratas! »Verdammt nochmal, was macht ihr hier? Verschwindet, ihr undankbaren Seelen, auf der Stelle!« Der Wink des Himmels kam im allerletzten Moment. Gott hat wirklich alles gegeben, damit ich auf dieser Reise noch zu meinem Glauben finde. Vor einer Stunde noch war ich spazieren, zu Fuß durch die Innenstadt, durch die Rua da Estrela, vorbei am Museu de Artes Visuais, eine wunderschöne Ausstellung über Plakate aus der Zeit der Militärdiktatur, dann weiter zum Convento das Mercês, bin eingetaucht in die Pastellfarben, in die blau-weißen Azulejos der portugiesischen Seefahrer, immer wieder Baulücken, immer wieder ausgebrannte Häuser, immer wieder spielende Kinder zwischen den Feuermauern, eine Kokosnuss im Camelódromo, viele Leute auf einem Haufen.

Es ist ein brennend heißer Septembernachmittag. Ich habe auf der Praça João Lisboa Platz genommen, direkt unter einem Baum, ein schattiges Plätzchen, es ist still hier, ein Mann geht vorbei, ein paar weit entfernte Stimmen von alten Frauen, neben mir eine kleine, hässliche Uhr auf einem Betonsockel, das Ziffernblatt zeigt 15 Uhr, die neunte Stunde im Jargon des Herrn, der mich gleich retten wird, ich habe meinen Zeichenblock gezückt, einen schwarzen Tuschestift, um die weiße Barockkirche vor mir, Igreja do Carmo, 1627 errichtet, als Souvenir dieser Stadt mitzunehmen, als plötzlich –

»Bom dia, Gringo! Scheiß-Ami! Kein Geld für einen Fotoapparat, häh? Kann ich mir kaum vorstellen!«

– als plötzlich drei Männer vor mir stehen. São Luís, dieses wunderschöne São Luís, ist in dem Moment, ein paar Minuten nach der neunten Stunde, ein einziges weißes Rauschen. Alles ist in Zeitlupe, verlangsamt und verzögert. Sie sagen irgendwas. Sie kommen näher. Sie werden lauter. Irgendwas hat gerade geklickt, irgendwas Spiegelndes. Ein Stück glitzernder Himmel in seiner Hand. Was für ein schönes, was für ein absurdes Bild, denke ich mir. Hätte ich doch nur auf meine Oma gehört. Ob es ihn wirklich gibt? Wenn, dann sollte er sich jetzt, bitte genau jetzt, erkenntlich zeigen. Das Tor geht auf, oben auf der Stiegenempore, Igreja do Carmo, eine schwarze Soutane, eine laute, wütende Stimme. *Que é que vocês tão fazendo? Porra! Fora! Agora mesmo! Almas ingratas!*

São Luís, Hauptstadt des Bundesstaates Maranhão, liegt auf einer immergrünen Halbinsel. Bei Flut ist die historische Innenstadt, seit 1997 Unesco-Weltkulturerbe, vom Meer umschlossen, bei Ebbe von Sandflächen, die fast bis zum Horizont reichen. Ich liege im Bett, eine kleine Pousada auf der Praça Benedito Leite, das Fenster steht offen, ein weißer Vorhang auf der Seite, Schritte im knirschenden Kies, ein Pfeifen geht durch die Nacht. Plötzlich fliegt ein Steinchen ins Zimmer. Ich trete hinaus auf den Balkon. Ein junger Mann steht im Laternenschein. »Du bist der mit dem Zeichenblock, oder? Hab vorhin gesehen, wie du ins Haus reingegangen bist. Lust auf einen Abendspaziergang?« Ich habe seinen Namen vergessen, aber er hat mir eine unvergessliche Versöhnung mit São Luís angeboten.

Milch und Blätterteig
Amman

- 4,2 Millionen
- 4 Tage
- Jordanien

200 Gramm Blätterteig ausrollen, kurz goldbraun aufbacken, auf Zimmertemperatur abkühlen lassen. Den Teig in kleine Stücke brechen. Mahmoud hat leuchtende Augen bekommen, als ich ihm gesagt habe, dass das das beste Om Ali sei, das ich je gegessen habe. Und als ich ihn gefragt habe, was sein Geheimnis sei, hat er die Hände zusammengefaltet, *Shukran* gesagt und ist wieder in die Küche verschwunden. Om Ali besteht eigentlich nur aus Milch, Teig und Zucker. Je nach Belieben kann man auch Mandeln, Pistazien oder Rosinen dazugeben. Es ist das Verhältnis von Mengen, Zeiten und Temperaturen, das darüber entscheidet, ob man Alis Mutter, so die wörtliche Übersetzung, am Ende vernaschen will oder nicht.

In der Zwischenzeit einen Liter mit 200 Gramm Zucker zum Kochen bringen. Ständig rühren. Mahmoud leitet ein winzig kleines Café in der Nähe des Dawwar Barisienne, des Paris Square, auf einem der einst sieben, heute 19 Hügeln, auf denen Amman errichtet ist. Eine hölzerne Theke, ein paar Tische im Raum, eine schwarze Tafel mit den Angeboten des Tages. In der Auslage stehen kleine Blechautos. Nach ein paar Minuten kommt Mahmoud wieder aus der Küche und drückt mir einen kleinen, handgeschriebenen Zettel in die Hand.

Die süße Milch immer wieder zum Köcheln bringen, bis sie nach Karamell riecht. »Om Alis gibt es viele«, sagt

142

Mahmoud. »Aber du musst geduldig und aufmerksam sein, damit es so luftig leicht wird wie dieses hier.« Ein Mann und eine Frau betreten das Café, bestellen irgendwas an der Bar. Sie reden Arabisch. Er trägt Jeans, T-Shirt und Sneakers, sie Hose, Flip-Flops und Sonnenbrille, aus der Handtasche lugt ein Apple-Notebook hervor. Ich muss an Athen, an Tel Aviv, an Istanbul denken.

Blätterteigstücke einrühren. Ein paar Rosinen und Pistazien dazugeben. Vom Feuer nehmen und weiterrühren. Etwas abkühlen lassen. Amman ist eine riesige Stadt, 40 mal 40 Kilometer groß, malerisch über die unendlich scheinenden Hügel galoppierend, staubig und steil, dazwischen fließen wie Datenströme die großen Straßen, Al Hashemi, Omar Matar, Khaled Ben Al Walid, Prince Muhammad Street, Abdoun Corridor, winden sich zwischen die auf- und abwallenden Bezirke, die bis auf den letzten Quadratmeter mit hellen Domino-Steinen besetzt sind. Alles ist weiß und beige, wie ein einziges, städtisches Om Ali. In den Achtzigerjahren haben Rania und Abdullah II beschlossen, um die Hitze in der Stadt und somit auch die Smogbildung zu reduzieren, alle Häuser weiß oder sandfarben streichen oder mit lokalem Kalkstein verkleiden zu lassen. Die Eintönigkeit hat etwas Schönes und Hässliches zugleich.

Man muss geduldig und aufmerksam sein, hat er gesagt, doch nach einer Weile ist Amman wie ein Sog, entwickelt eine so süße, liebliche Konsistenz mit seinen vielen, vielen Kindern, mit seinen leuchtenden, haushohen Graffiti-Wandbildern, mit seinen am Straßenrand sitzenden und Gewürze verkaufenden Beduinen. Was für Augen! Was für Kajalstriche! Schauen aus wie Johnny Depp in *Fluch der Karibik*. Und dann hat Mahmoud eine letzte Zeile auf Arabisch geschrieben: *Marhaba fi Eamman!* Willkommen in Amman!

Wo ist mein Kaffee?
Al Mokka

- 👤 8 900
- 🕐 2 Stunden
- 📍 Jemen

Die Sonne brütet vom Himmel. Die Außentemperatur beträgt 48 Grad Celsius. Die Klimaanlage im Auto ist kaputt. Alles rinnt. »Siehst du das Meer da vorne? Das ist Al Mokka, da werden wir zu Mittag essen. Und nach dem Mittagessen gibt es einen Mokka.« Alkhadher Ali Alsharafi ist Reiseleiter, spezialisiert auf Touristen, die unter einem bestimmten thematischen Fokus den Jemen kennenlernen wollen: Kunst, Musik, Literatur, Architektur, Gesellschaftsleben. Aber ein Interesse müssen sie alle teilen: Kaffee. »Gleich sind wir da.«

Der blaue Toyota kämpft sich zwischen die letzten Sanddünen durch. Alkhader schaltet den Scheibenwischer ein. Ein Sandsturm ist aufgezogen, versperrt die Sicht auf alles, was vor uns liegt, weit und breit kein Kaffee und kein Meer. Wir sind da. Aussteigen. Der nächste Moment wird sich in mein subkutanes Körpergedächtnis eingeschrieben haben. Kaum stehe ich in den Dünen, verschlingt mich der beißende Sandsturm, verbindet sich mit dem Schweiß auf meiner Haut zu einem Peeling mit gefühlten 100 km/h. Es zwickt und sticht, als würde ich sandgestrahlt, und übrig bleibt ein matschig nasser Film, der sich erst drinnen im Lokal, nachdem ich fertiggegessen habe, abzuschälen beginnen wird. Alkhader war klüger, hat es besser gemacht, trägt eine weiße Dishdasha, die hinabreicht bis zu seinen Füßen, lacht sich halb tot. »Du schaust aus wie ein großer Haufen Kaffeesud. Das schaffen nur die Europäer!«

Im 16. Jahrhundert war Al Mokka eine blühende Hafenstadt am Roten Meer. Der Großteil des Kaffees kam damals aus dem südlichen Arabien, und so gut wie jeder einzelne Bohnensack wurde in Al Mokka an Bord der Schiffe gebracht. Genau hier, da vorne auf dem Pier. Ich habe ein kleines Büchlein mit historischen Reiseberichten mit. *In Südarabien, wo der beste Kaffee der Welt wächst (der Name des einstigen Hauptausfuhrhafens Mokka beweist das), herrscht die Gewohnheit, zur Kaffeebereitung niemals die Bohnen selbst, sondern nur ihre äußeren Schalen zu verwenden*, schreibt Hans Helfritz. »Ja, das stimmt«, meint Alkhader, »wir sagen Qishr dazu. Sehr gut! Der normale Kaffee heißt Qahwa. Wichtig ist nur: Wir trinken alles schwarz, ohne Milch und ohne Zucker, aber dafür mit etwas Ingwer, Kardamom, ein paar Safranblüten und einem Schuss Rosenwasser.«

Rein ins Lokal. Die halbe Stadt ist Ruine. Wie die meisten Häuser in Al Mokka, die wenigen übrig gebliebenen, ist auch dieses hier längst schon unter den Dünen begraben. Die Fenster sind mit Lehm verschlossen, zwischen den Fugen rieselt der Sand in die Küche, offenes Feuer, Ruß an der Wand, Ruß an der Decke, abgeblätterte Farbe, es gibt gegrillten Fisch mit Schuppen und Gräten, die Fischblase ist geplatzt, eine einzige Glühbirne im Raum, Energiesparlampe, eine beißende Hitze, weit über 50 Grad, ein Bild wie von Hieronymus Bosch. Ich will Kaffee.

»Qishr?« Der Koch schaut mich entgeistert an. Okay, ich gebe mich mit weniger Exotischem zufrieden. »Wahid qahwa, min fadalaq!« Er schüttelt den Kopf. Verschwindet in der schwarzen Hölle, kommt wieder mit einer Kanne und ein paar Gläsern. »Chay?«

Palast und Kathedrale
Bukarest

- 1,9 Millionen
- 1 Woche
- Rumänien

»Willkommen im zweitgrößten Gebäude des Welt«, sagt Isabela. »Dieses Haus hat 5 100 Räume und rund 365 000 Quadratmeter. Das entspricht der Fläche von etwa 70 Fußballfeldern. Damit haben wir es ins *Guinness Buch der Rekorde* geschafft. Größer ist nur noch das Pentagon in Washington, D. C.« Wir gehen durch acht Meter hohe Marmorkorridore, vorbei an riesigen Gobelins und doppelflügeligen Türen, dreimal so hoch wie ein erwachsener Mann, die goldene Türschnalle im Gesicht. »Es gibt 2 800 Kristallluster mit insgesamt 3 500 Tonnen Kristall, 200 000 Samtvorhänge, 700 000 Tonnen Stahl, 900 000 Quadratmeter Holz und mehr als vier Millionen Kubikmeter Marmor aus Transsilvanien. Allein der Teppich, auf dem wir gerade stehen, wiegt zwei Tonnen.«

Um dem Haus Platz zu machen, musste das Uranusviertel zerstört werden, mit ihm ein Dutzend orthodoxer Kirchen und Synagogen. 40 000 Menschen mussten dafür abgesiedelt werden. 20 000 Bauarbeiter haben sechs Jahre lang, bis zur Exekution von Nicolae und Elena Ceaușescu, im Dreischichtbetrieb daran gearbeitet, erzählt Isabela, mit Zynismus zwischen den Zeilen. Fertig ist der Palatul Parlamentului bis heute nicht. Ich schiebe einen der schweren Vorhänge zur Seite, erkenne ein mit Netzen zugehängtes Baugerüst im Innenhof, darauf Bauarbeiter mit Kübeln und Maurerkellen in der Hand.

»Ach, du warst heute im Palatul? Und, was sagst du?«
Ich treffe Adina im Parcul Cişmigiu, wir setzen uns an
einen der Pavillontische, bestellen Eiskaffee und reden
über Gott Ceauşescu und die Welt. Ich hatte ja keine
Ahnung von diesen Dimensionen, sage ich. Deswegen
bin ich nach der Führung einmal um den Block gegangen, und rate mal, wie lange ich gebraucht habe! »Na, sag
schon!« 35 Minuten! »Weißt du, es gab nach Ceauşescus
Tod einen internationalen Wettbewerb, mit der Frage,
was mit dem Gebäude geschehen soll, schließlich ver-
körpert es eine ziemlich dunkle Epoche Rumäniens. Es
gab ein paar sehr gute Ideen, aber sie haben keine einzige davon umgesetzt. Und weißt du, was sie jetzt dafür
machen? Gleich daneben bauen sie eine riesige Kirche,
die Catedrala Mântuirii Neamului, die Kathedrale zur
Rettung der Nation, 120 Meter hoch, 6 000 Besucher. In
Kürze ist Baubeginn. Ich weiß nicht, wie sie damit das
Land retten wollen, aber immerhin passt sie wunderbar
zum Maßstab dieses Scheiß-Palasts.«

Von Karl Marx zu Coca-Cola heißt ein Buch des ehe-
maligen Ministerpräsidenten Adrian Năstase, der vor
wenigen Monaten erst aus der Haft entlassen wurde. Im
Parcul Cişmigiu, gleich ums Eck von unserem Café, steht
heute, 3. Juli 2013, eine rote Maschine, mit der man seine
eigene Coca-Cola-Dose customizen kann. *Vino şi ia-ti
de aici doza personalizată!* Komm her und hol dir hier
deine personalisierte Dose! Zwei lange Schlangen, ich
beschließe, mich ebenfalls anzustellen. Nach 30 Minuten
bin ich an der Reihe. »Ein Geschenk? Wie heißt denn
deine Freundin?«, fragt mich die Hostesse am Automaten. Ich schreibe den Namen auf einen Zettel. »Das ist
aber ein langer Name!« Sie tippt ihn ein und drückt auf
Enter. Nach ein paar Sekunden geht die Klappe auf. Auf
meiner Dose steht *Volksverarsche*.

Der orange Tòffolo
Chioggia

- 47 000
- 1 Tag
- Italien

Der Busfahrer hat den Motor ausgeschaltet. Ein kurzes Ruckeln, ein kurzes Hornhupen, und schon setzt sich der orange Omnibus wieder in Bewegung. Die Fahrt dauert nicht lange, fünf Minuten vielleicht, ein Kilometer Luftlinie, doch es sind die surrealsten fünf Minuten auf dem Weg nach Chioggia, nach Cióxa, nach *Tschosa*, wie die Lagunenbewohner sagen. Wie oft passiert es schon, dass der öffentliche Bus, Linie 11, fahrplanmäßige Abfahrt 12:30 Uhr, auf dem Wasser fährt? Schon dockt der Kahn an den schwimmenden Ponton an, der Busfahrer startet den Motor, und die Reifen können ihre übliche Aufgabe wieder in Angriff nehmen.

Chioggia. Da kommen sie also her, der Radicchio, auch Rosa di Chioggia genannt, und die rosarot gestreiften Chioggia-Rüben, auf die sich die globale Gastronomie so eingeschworen hat. In den kleinen Kanälen sind Boote angebunden, Kisten mit Fisch und Gemüse werden ausgeladen und auf die Kaimauer hochgehievt. *Bondí, Lucietta! Ho laorà fin adesso.* Ich habe bis jetzt gearbeitet, sagt Tòffolo, der junge Kahnfahrer, zu Lucietta und zu den jungen Damen auf den Stiegen, die gerade klöppeln und Fischernetze reparieren. *So stà col battelo sotto marina a cargar de' fenocchj.* Ich war mit meinem Boot in Sottomarina, eine Fracht Fenchel. *Oe, zucche barucche!* Und hier, süße Barucca-Kürbisse!

Die Szene am Canal Vena, direkt neben der Markthalle, ist so zeitlos, dass ich nicht mehr weiß, ob sie sich in der Gegenwart zugetragen hat oder nicht schon vor 250 Jahren über die Bühne gegangen war. 1761 schreibt Carlo Goldoni unter dem Titel *Le baruffe chiozzotte*, Krach in Chiozza, eine klassische Komödie rund um einen Kahnfahrer und die Tag für Tag um ihn herumsitzenden und herumtratschenden Fischersfrauen. *Mio sàntolo me vôl metter suso peòta, e co son a traghètto, anca mì me vói maridare.* Mein Pate will mir eine Barke geben, mit einem Verdeck für Passagierfahrten. Da könnte ich natürlich auch heiraten! Das Chaos ist vorprogrammiert und hält bis zum Ende des dritten Aktes an.

In den Kanälen sind Fischerschiffe angebunden. Auf einem der Rümpfe steht *Il Nonno*, der Großvater. Netze werden geflickt, Motoren repariert, Spanten lackiert, Klampen, Kabelgatte und Curryklemmen gereinigt, im Hintergrund die alte Werft. Die Männer arbeiten, ihre Hände sind schwarz, und wenn sie nicht arbeiten, dann flanieren sie mit diagonal über die Schulter gelegten, viel zu eng am Körper anliegenden Umhängetaschen über den Corso del Popolo, die Simmeringer Hauptstraße von Cióxa, und die Frauen klatschen und tratschen, und wenn sie nicht klatschen und tratschen, dann stehen sie mit den Männern an der Bar, spielen Poker neben der Klotür und haben ein Rendezvous mit dem einarmigen Banditen. Alle paar Meter stehen an den Häuserecken Schautafeln mit Todesanzeigen, Name, Foto, schwarzer Rahmen, und die Leute bleiben stehen und lesen in der jüngsten Chronik der Stadt. »Cosa c'è sul menu oggi?«, fragt der Nonno. Was steht heute auf der Karte? *Mio pare, lustrìssimo, el xé morto in mare*, sagt Tòffolo. Auch mein hochverehrter Vater ist auf See gestorben. Der Vorhang fällt. Mit einem Krach ins Wasser.

The Devil's Advocate
Johannesburg

- 4,4 Millionen
- 1 Nachmittag
- Südafrika

14:09 Uhr. Die Metrorail aus Pretoria, ein gelber Stahlkäfig auf Rädern, rollt langsam in den Bahnhof ein. Ich freue mich auf Johannesburg, so wie ich mich auf jede Großstadt freue. Diesmal jedoch ist meine Neugier, vielleicht, ein wenig getrübt aufgrund des Rufs, der der Stadt vorauseilt. Eine der höchsten Kriminalitätsraten der Welt. Eines der gefährlichsten Pflaster auf diesem Planeten. Ach was, wird schon nicht so schlimm sein.

14:35 Uhr. Auf dem Beyers Naude Square, zwischen Rathaus und Johannesburg City Library, findet gerade eine Demonstration statt. Viele Banner, viele Menschen, viele Polizisten. Ich weiß nicht, wogegen demonstriert wird. Ich weiß nur, dass ich niemandem gesagt habe, dass ich heute in Johannesburg bin.

14:42 Uhr. Ich beschließe, meinen Spaziergang durch die Downtown zu verkürzen und gleich ins Taxi zu steigen. Ponte City, das steht auf meinem Plan, schon seit ewigen Jahren. Der runde Hochhauszylinder, Hermer, Grosskopff & Lombart Architects, 1975 errichtet, 54 Stockwerke, ein 170 Meter hohes Loch in der Mitte, fasziniert mich schon, seit ich denken kann. Ich winke ein Taxi herbei. Nach Hillbrow, bitte!

14:46 Uhr. Der Taxifahrer hat die Türen von innen verschlossen. Mir kommt das irgendwie übertrieben vor, aber bitte. Eine rote Ampel auf der Albertina Sisulu

Road. Wir bleiben stehen. Ein Mann nähert sich dem Auto schräg vor uns, mit seinem linken Arm auf einen Gehstock gestützt, der Gehstock ist ein Gewehr, in seiner rechten Hand hält er plötzlich einen Revolver, klopft damit gegen die Fensterscheibe des Vordermanns. Es wird grün.

15:05 Uhr. Der Ponte City Tower ist ein Rattenloch. Der Boden des Innenhofs ist eine Felsplatte, zugedeckt mit Müll. Das Haus war einmal eine noble Adresse. Nach dem offiziellen Ende der Apartheid, die inoffiziell bis heute nicht zu Ende ist, sind immer mehr Banden eingezogen und haben das Haus nach und nach zur Hölle gemacht. Jahre später wird Hollywood hier die Schlussszenen von *District 9*, *Seal Team 8* und *Resident Evil: The Final Chapter* drehen.

15:25 Uhr. Ich bin fertig hier, habe nichts mehr zu tun, muss den Nachmittag bis zum Abend totschlagen. Also doch wieder zurück in den CBD, in den Central Business District. Der Taxifahrer bringt mich ins Ster Kinekor, ein Multiplex-Kino in der Nähe von Mill Junction. Da gibt es die größte Auswahl an Filmen, sagt er.

15:41 Uhr. In Kürze startet *The Devil's Advocate*, der vor wenigen Wochen angelaufen ist, mit Keanu Reeves in der Rolle eines sich von der Kraft des Bösen verführen lassenden Anwalts und Al Pacino als diabolischem Mephisto. Das New York im Film wird von Minute zu Minute johannesburgiger.

18:20 Uhr. Ich verlasse das Kino, bin der Einzige, der nicht in Richtung Tiefgarage gegangen ist, stehe in einer dunklen Straße, ohne Menschen, ohne Autos, ohne Straßenbeleuchtung, die Geschäfte und Büroeingänge sind mit Gittern und metallischen Rolltoren verschlossen, es ist totenstill. Diese Stadt, mich lässt der Gedanke nicht mehr los, ist ein Vertrag mit dem Teufel.

Um zehn Uhr kommt der Regen
Paris

- 10,4 Millionen
- 2 Monate
- Frankreich

»Bonjour, mon cher! Hereinspaziert! Du kommst genau richtig. In einer halben Stunde fängt es an zu regnen.« Ein kleiner Vogel, kohlrabenschwarzer Kopf, ein Bauch wie eine blutrote Flamencotänzerin, flattert feurig temperamentvoll durch die Halle. »Schnell, mach die Tür zu! Das ist mein ganz Neuer, ein junger Passerini-Tangar, der hat sich noch nicht so richtig eingelebt in seinem neuen Zuhause. Und der hier, der Frechspatz mit den weißen Augenringen, das ist ein Ceylon-Brillenvogel. C'est très drôle, le petit chouchou, non?« Für ein paar Sekunden parkt das gelbgrüne Vögelchen auf Patricks Finger, fliegt kurz darauf wieder weg, hinein ins Dickicht des Pariser Urwalddschungels.

Patrick Blanc ist Botanikkünstler. Schon als Kind war er von Aquarien fasziniert, experimentierte zunächst mit Wasserpflanzen, später auch mit Landgewächsen, mit Farnen und Philodendren. Während des Studiums in Thailand, wo er im Khao-Yai-Nationalpark Kletterpflanzen untersuchte und erste florale Experimente anstellte. »Die Natur war wie eine Droge für mich«, sagt der 63-Jährige, »und wie man unschwer sieht, ist sie das heute immer noch.« Patrick Blanc sieht aus wie der kleine, schlanke Bruder von Hulk, als hätte er irgendeine grüne Pille verschluckt, eine mit irreparablen, sich am ganzen Körper manifestierenden Folgen. »Monsieur petit gecko,

152

où es-tu?« An den Wänden picken Geckos, Eidechsen und Salamander, die sich der ausgebildete Gärtner als Schädlingsfresser hält.

»Grüner Tee?« Ein Moment der Stille. »Ha! Ich liebe diesen Running Gag. Diese Frage sorgt, nach all den Jahren, immer noch für Überraschung. Oh, comme j'aime ça!« Patrick Blanc, der Mann mit dem verkehrtesten Namen, den einer nur haben kann, ist von oben bis unten grün. Grüne Haare, grünes Hemd mit grünen Blütenblättern, grüne Hose, grüne Schuhe und lange, sehr lange, drei, vier, fünf, sechs, sieben Zentimeter lange Fingernägel. »Grün ist für mich Ausdruck von Farbe, von Kraft, von Überlebensdrang. Es ist die schönste Wellenlänge auf Erden. Und was die Fingernägel betrifft: Wer von unseren Vorfahren hat sich schon die Fingernägel geschnitten? Niemand! Fingernägel braucht man, um sich zu kratzen und um in der Erde zu bohren.«

In seinem Wohnzimmer in Ivry-sur-Seine, Metrostation Porte de Choisy, es zwitschert und gurrt, ist die gesamte, 70 Quadratmeter große Wand bis nach oben hin grün bewachsen. 250 unterschiedliche Spezies wuchern hier, sogar ein paar Exemplare der Begonia blancii, einer kürzlich von ihm auf der philippinischen Insel Palawan entdeckten Pflanze. Mit den grünen Wänden, den sogenannten Murs végétaux, hat er bereits etliche Pariser Orte verändert, in der Rue de Marignan, Rue d'Aboukir und Rue d'Alsace, im Hotel Pershing Hall, in der Fondation Cartier, im Musée du Quai Branly und sogar in La Défense. »Es ist 9 Uhr 59. Also, wenn du nicht nass werden willst, dann solltest du jetzt besser einen Schritt zurückgehen.« In der nächsten Minute, es prasselt und plätschert, fängt es im Wohnzimmer an zu regnen. *Paris einzuatmen, damit bewahrt man sich seine Seele.* Victor Hugo, *Les Misérables.*

Yuris Mutterland, Juris Mutter Heimat
Kiew

- 👤 2,9 Millionen
- 🕐 3 Tage
- 📍 Ukraine

Großer Applaus. Der schlaksige, schüchterne Mann verbeugt sich, weicht den folgenden Fragen aus dem Publikum, Sekt und Kaviarbrötchen in der Hand, geschickt aus, bevorzugt es, über seine Bilder nicht viele Worte zu verlieren. »Bitte um Verständnis«, sagt Yuri Solomko, damals 39 Jahre alt, »ich möchte meine Arbeiten nicht kommentieren. Meine Bilder müssen für sich sprechen können.« In seinem jüngsten Werk, eine schöne Ausstellung unter dem Titel *Motherland*, ein Paradies für jeden Kartografen, widmet sich Solomko dem Übermalen von ukrainischen Landkarten. In seiner *Erschaffung Adams* kommen sich die zwei sixtinischen Zeigefinger über den kyrilischen Städtenamen gefährlich nahe. Ich lasse nicht locker. Warum gerade ukrainische Landkarten? »Warum die Ukraine?« Solomko räuspert sich, kriegt etwas Farbe im Gesicht. »Nun, es ist nämlich so … Unter dem Pinsel beginnen die Städte und Länder, sich aufeinander zuzubewegen.«

Die Galerie Triptych Global Arts Workshop, besser bekannt unter T-GAW, liegt am Andrijwskyj Uswis, am Andreassteig, links und rechts Cafés und Souvenirshops, am Zaun vis-à-vis lehnen Stillleben, Landschaftsaquarelle und hölzerne Ikonendarstellungen, auch Kunst, die gepflasterte Straße führt hinauf zur St.-Andreas-Kirche, die wie ein hellblauer Barockpalast aus den Baumwipfeln in die Höhe ragt, 48 steinerne Stufen führen hinauf aufs Plateau, und dann, endlich, ein erster Blick auf Kiew und den Dnjepr. Wie ein breiter Strom windet sich der Fluss durch Kiew, teilt die Stadt in ein Prawoberezhja, Rechtsufer, auf dem sich das Zentrum befindet, und ein Liwoberezhja, Linksufer, das unter Chruschtschow zur Gänze plattenbebaut wurde. Bis zu drei Kilometer weit klaffen die beiden Stadtteile auseinander. Ich denke an gestern Abend zurück, an die *Erschaffung Adams*, bin erschrocken, wie groß der Abstand zwischen zwei Fingern sein kann, verstehe Yuri Solomkos Wunsch nach Zubewegung heute besser noch als gestern.

Im Süden der Stadt steht die Mutter-Heimat-Statue, eine 102 Meter große Monumentalfigur mit Schwert und Schild, sie macht mir Angst. Der Chreschtschatyk, die Einkaufsstraße mit ihren kolossalen Säulenordnungen und ihren viel zu großen, zyklopenhaften Bossenmauern, schüchtert mich auf jedem Meter ein. Und auf dem Platz der Unabhängigkeit, Majdan Nesaleschnosti, noch lange, bevor er orange und weltberühmt wird, hat die Stadtregierung begonnen, den flachen Hochhäusern, so wie auch den Plattenbausiedlungen in Sotschgorod, kilometerweit weg, am anderen Ufer des Dnjepr, hübsche Satteldächer mit Gaupen und Kaminen und historisierende Zuckerbäcker-Spitzen, *Moskauer Stil*, so sagt man, aufzusetzen.

»Kiew wurde der Schule verwiesen und aus dem dritten Jahrtausend vertrieben«, schreibt der ukrainische Schriftsteller Juri Andruchowytsch in seinem *Kleinen Lexikon intimer Städte*, »eine Ehrenrunde in der Vergangenheit drehen, den Kopf noch mal in die eigene Scheiße stecken, zum zweiten, dritten, siebten, zwölften Mal aus ihr herauskriechen – die Prüfung für die Zukunft hat es jedenfalls nicht bestanden.«

Mödling Lao
Luang Prabang

- 👤 48 000
- 🕐 4 Tage
- 📍 Laos

Goldene Tempel, weiße Kolonialfassaden und ein Lebenstempo, so entspannt wie der Takt der Morgentrommeln, schreibt Stefan Loose in seinem 900 Seiten dicken Reiseführer. *Diese Mischung zieht alljährlich gut 500 000 Reisende in die alte Königsstadt der Lao, die wegen ihrer besonderen Bausubstanz 1995 von der Unesco zum Weltkulturerbe ernannt wurde.* Auf einer Länge von knapp zwei Kilometern liegen die Tempel links und rechts der Thanon Sakkaline und Thanon Sisavangvong, aufgefädelt wie auf einer Perlenschnur, immer wieder unterbrochen von laotischen Stelzenhäusern und französischen Kolonialvillen. Luang Prabang gilt als eine der schönsten Städte Asiens.

Sechs Uhr früh, der Morgen dämmert schon in roten Tönen. Am Vat Xieng Thong, dem ältesten Tempel der Stadt, schreiten Mönche in leuchtend orangen Kutten über die Straße, ohne Hast und ohne Schuhe, die Bettelkörbe in der Hand, vorbei an Männern und Frauen, die ihnen Obst, Gemüse und Reis in die eisernen Gebinde legen. Wer Almosen überreicht, heißt es im Buddhismus, wird mit Glück und gutem Karma belohnt. Tak Bat, Almosengang, nennt sich dieses allmorgendliche Ritual, das das noch verschlafene Luang Prabang in einen zarten Schleier aus Demut und Dankbarkeit hüllt. Und dann knipst und blitzt es.

Ein paar Dutzend Touristen (Fleece-Jacke, Zipp-off-Pants, Trekking-Sandalen) haben sich an der Straße eingefunden, nehmen den Mönchen die Bilder, geben ihnen nichts zurück. An der Hausmauer hängt ein Holzschild mit gold aufgemalten Buchstaben: *Morning alms is a religious ceremony. Dress respectfully. Cover shoulders, chest and legs. Take off your shoes. Stand 3 metres from the procession. Be silent. No flash photography.* »Monks and monkeys are same same«, wird einer der Mönche später sagen. »You see, you make picture.«

Am Straßenrand wird Fischsuppe gekocht. Nudeln, Chilischoten, Koriander. 10 000 Kip pro Schüssel. »Like Lao?« fragt die Frau hinter den Töpfen. »Nice?« Yes, very nice. Wenn von der vielleicht schönsten Stadt Asiens die Rede ist, dann meinte man früher, wer weiß, die Unberührtheit, die Abgeschiedenheit, die unmaskierte Schönheit des buddhistischen Alltags, dann meint man heute jedoch die herausgeputzten Gehsteige, Vorgärten und Hausfassaden, die in den letzten Jahren, seitdem die Reisenden über das Mekongstädtchen herfallen, mit den neu gewonnenen Geldern saniert und in Schuss gebracht wurden. Luang Prabang ist klinisch perfekt, es ist das Mödling Asiens.

Mit der steigenden Besucherzahl, schreibt Stefan Loose, *sind in jedem Winkel Gästehäuser, Restaurants, Geschäfte und Reisebüros entstanden. Immer mehr Bewohner verkaufen oder vermieten ihre Häuser an Investoren und ziehen weg. Das könnte langfristig zum Problem für die Klöster werden, denn sie sind auf die Unterstützung der Gläubigen angewiesen. Hinzu kommt, dass sich die Mönche und Novizen beim morgendlichen Almosengang und in den Klöstern vom Touristenandrang gestört fühlen, sodass einige bereits in Tempel außerhalb der Stadt gezogen sind.* Dieser Weg ist kein Ziel.

Am Taxiplatz mit Tante König

Hlotse

- 52 000
- 1 Tag
- Lesotho

»Was? Mit diesem Auto wollen Sie ins Landesinnere?« Dann weiter zu seinem Kollegen: »Hörst du, der will mit seinem kleinen Toyota auf der Südstrecke rüber nach Südafrika!« Und wieder zu mir: »Sie wissen aber schon, dass da die Drakensberge dazwischen sind? Vergessen Sie's! Keine Chance. Das schaffen nur die besten Pajeros und Land Cruisers.« Zupft seine Kappe zurecht, ganz so, als wolle er sich kraft seines öffentlichen Amtes in Positur bringen, und bemüht sich für einen Moment um einen etwas ernsteren Tonfall. »Sir, bitte bleiben Sie auf den asphaltierten Straßen. Und glauben Sie mir, auch die sind bereits eine Herausforderung für Ihren Mietwagen. Ich verspreche Ihnen, Sie werden heute noch an mich denken. Have a save journey!«

Ein grünes Schild mit einem Pfeil nach links: *Sani Pass (2 873 m) 209 km.* Dann halt nicht. Ein Pfeil nach rechts: *Hlotse 31 km.* Eine Stadt ohne Straßennamen, wie sich bald weisen wird, dafür aber, so wie der ganze Weg bis hierher, mit Schafsherden, Ochsen auf der Straße und knietiefen Schlaglöchern im Asphalt. Ich muss an den Grenzbeamten denken. Das Stadtzentrum nennt sich Hlotse Taxi Rank, ein riesiger Sandparkplatz mit unzähligen Menschen und ein paar Dutzend Toyota-Bussen, die einzig und allein darauf warten, sich in Bewegung zu setzen. Verdammt, wäre ich doch in den Süden gefahren, egal auf welchen Straßen, hinauf ins Königreich im Himmel. Ich mache, ziemlich unmotiviert, ein paar Fotos. Die 200 Rand Einfuhrgebühr, die ich an der Grenze für meine Spiegelreflexkamera entrichten musste, denke ich mir, die sollen ja nicht umsonst gewesen sein. Und dann weiß ich auch nicht mehr weiter.

»Erstes Mal in Hlotse?«, fragt mich eine Frau am Straßenrand, Wolldecke auf den Schultern, Mokorotlo auf dem Kopf, so nennt sich der traditionelle Strohhut, der gegen die Sonne schützen soll. »Machen Sie sich keine Hoffnungen! Mehr gibt es nicht zu sehen. Manchmal habe ich das Gefühl, wenn ich hier am Taxi Rank stehe, dass die einzige Aufgabe dieser Stadt darin besteht, ihr schnellstmöglich zu entkommen. Aber das Gute ist: So viele, wie hier wegfahren, kommen auch wieder an. Sehen Sie? Ich habe Sie schon zum Lachen gebracht!«

Mamoele Moshoeshoe, 46 Jahre alt, ist ausgebildete Landwirtin, hatte eines Tages die Nase voll von Kühen und Kürbissen und verdient sich ihr Leben nun als Verkäuferin in einem Buch- und Souvenirgeschäft. Sie versteht ihr Handwerk. Kurz darauf sind wir in ihrem Laden, ein paar Blocks stadtauswärts, und ich habe ihr zwei Bücher abgekauft: *A Short History of Lesotho* von Stephen J. Gill und *Shepherd Boy of the Maloti* von Thabo Makoa. Und dann lädt mich Mamoele, die nebenbei erwähnt, dass sie die Tante des amtierenden Königs Letsie Moshoeshoe III ist, auf einen Tee zu sich nach Hause ein. »Mein Gott, jetzt schauen Sie nicht so! Die meisten Menschen haben eine Tante.«

Umgeben vom aufstrebenden New South Africa, das schwer auf den Köpfen und auf den Herzen der Basotho lastet, schreibt Stephen J. Gill, Seite 253, letzter Satz im Buch, *wird sich Lesotho sein spirituelles und kulturelles Erbe bewahren und daraus neue Kraft schöpfen müssen.*

Bosnische Schriftzüge
Sarajevo

- 320 000
- 2 Wochen
- Bosnien und Herzegowina

Nach ein paar Minuten kommt der Kellner mit den Metalltellern. Ein halbes Fladenbrot, gefüllt mit Ćevapčići, daneben ein Gupf Rahm und ein Berg aus fein gehackten Zwiebeln, und in alledem steckt, als hätte ein Wahnsinniger das Lammfleisch noch einmal umbringen wollen, eine von oben wütend hineingerammte Gabel. »Lass es dir schmecken«, sagt Nerma. »Ja, Essen ist Geschmackssache, aber Željo … Željo ist einfach der beste.«

Die Baščaršija mit ihren Tausenden Tauben und Taubenfutter verkaufenden Männlein und Weiblein ist das Ćevapčići-Epizentrum der Welt. Hier liegt, Grillofen an Grillofen, eine Ćevabdžinica neben der anderen, die Željo, die Softić, die Mrkva, die Petica und die Hodžić, alles Familienbetriebe, die nichts anderes als Ćevapčići und Pljeskavice verkaufen, und jede einzelne Familie hält ihr Rezept seit Generationen schon streng geheim. An manchen Abenden mutieren die Gastgärten in der Baščaršija zu einer Fanzone, ähnlich wie im Ferhatović-Stadion, in der die Männer weiße Poloshirts mit dem Namen und dem Logo ihres favorisierten Lokals tragen. Am Nebentisch sitzen, dunkelblaue Schrift am Rücken, ein paar eingefleischte Željniks.

»Željovci heißt das«, sagt Nerma, »aber keine Sorge, wir schlagen uns nicht die Köpfe ein. Ich glaube, das Nebeneinander und Miteinander liegt uns im Blut.« Die

Altstadt von Sarajevo, eine Art Jerusalem im Kleinen, besteht aus Kreuzen, Monden und Sternen, aus Kirchen, Moscheen und Synagogen, aus Glockenläuten, Muezzinrufen und Schweigen. Auf kleinster Fläche knallen osmanische Bazare, k.u.k.-Gründerzeithäuser und kommunistische Plattenbauten aufeinander, dazwischen immer wieder Wunden des letzten Krieges, der die Koexistenz der hier lebenden Menschen fast vier Jahre lang auf einen grauenvollen Prüfstand stellte, Einschlagspuren von Bomben und Granaten. Manche wurden mit Putz verspachtelt, andere blieben unberührt, als hätte der Krieg gestern erst aufgehört. Und als wolle man die Jahrhunderte alten, guten wie auch bösen Zeugnisse nicht verlieren, als wolle man eine eiserne Schlinge um den Ort legen, fährt rund um die Baščaršija, gegen den Uhrzeigersinn, die Straßenbahn im Kreis. Die alten, mit längst verjährten Werbeslogans beklebten Garnituren stammen aus Wien, Brünn, Köln, Košice, Konya, Amsterdam und Pjöngjang und waren Geschenke an die Stadt, um den Wiederaufbau nach dem Kriegsende 1995 zu beschleunigen. Die Linie 5 (*Orientalische Reise, Wien Museum*) fährt in die Haltestelle Latinska Ćuprija ein. Die schrille Fußklingel, Wagentyp E1, kommt mir bekannt vor. Sie ist nicht nur ein Warnsignal an den Verkehr, sondern auch an die Geschichte. Genau hier, an der Lateinerbrücke, wurden am 28. Juni 1914 Erzherzog Franz Ferdinand und seine Frau Sophie Chotek erschossen.

Am Brodac, gleich hinter der Vijećnica, hat eine kleine Pop-up-Galerie ihre Zelte aufgeschlagen. An einer der feuchten Ziegelwände hängt ein Bild des bosnischen Künstlers Edin Numankadić, 2017, 30 x 40 cm, Acryl auf Leinwand. Es stammt aus der Serie *Zapisi*, Schriftzüge, und ist der Versuch, die Erlebnisse des Balkankrieges zu verschriftlichen. Der Text ist unleserlich.

Sexy Gotham
Chicago

👤 2,8 Millionen
🕐 5 Tage
📍 Illinois, USA

9 Uhr 15. Das aufgerissene Kondomkuvert liegt auf dem Nachtkästchen, wir haben Spaß. 9 Uhr 16. Plötzlich quietscht es zwischen Gummi und Glas. Der Fensterputzer hat sich in den 31. Stock hinabgelassen. Hebebühnen kennen kein Pardon. 9 Uhr 17. Passiert das jetzt wirklich? Das ist ja billiger als im billigsten Hollywood-Drehbuch! 9 Uhr 21. So flott der Dritte kam, so glücklich geht er wieder, verabschiedet sich mit einem Winken, ein Bussi durchs Fenster, beide Daumen hoch, und dann ab in die 30. Etage. Seit diesem Morgen verbinde ich Chicago mit pfeifend quietschenden Geräuschen und ziemlich hohen Punkten. Und Schnitt.

Chicago ist eine filmreife Stadt. Meg Ryan und Billy Crystal standen 1989 vor der University of Chicago. *Harry und Sally.* Macaulay Culkin wohnte 1990 in der 671 Lincoln Avenue. *Kevin allein zu Hause.* Cameron Diaz und Dermot Mulroney gaben sich 1997 vor der Fourth Presbyterian Church in der North Michigan Avenue das Jawort. *Die Hochzeit meines besten Freundes.* Sandra Bullock und Keanu Reeves verabredeten sich 2006 an Anish Kapoors Stahlskulptur *Cloud Gate* im Millennium Park. *Das Haus am See.* Und Katey Sagal und Ed O'Neill stritten sich zehn Jahre lang zu Frank Sinatras *Love and Marriage*, im Vorspann die Buckingham Memorial Fountain im Grant Park. *Eine schrecklich nette Familie.*

Ich spaziere am Chicago River entlang. Die windigen Peitschenhiebe graben sich vom Lake Michigan bis in die hintersten Winkel der Hochhausschluchten hinein. Rechts vorne stehen die beiden Maiskolben von Bertrand Goldberg, die 61-stöckige Marina City, es gibt sie wirklich. Dahinter der Chicago Tribune Tower, der wie eine gotische Kathedrale in den Himmel strebt. Seit Ewigkeiten schon habe ich mich nach diesen dramatischen Blicken gesehnt, wollte den eisernen Brücken beim Auf- und Zuklappen zusehen, wollte meines ganz persönlichen Hochhausvenedigs gewahr werden. 1957 kletterten am Wrigley Building riesige Monstergrashüpfer bis nach oben. *Beginning of the End.* 2007 sprengten hochentwickelte Autobots vor den Augen von Megan Fox und Shia LaBeouf die Spitzen etlicher Chicagoer Hochhäuser in den Himmel. *Transformers.* Und 2008 wohnte Christian Bale im One Illinois Center am 111 East Wacker Drive. *Batman. The Dark Knight.*

Am aufregendsten ist Gotham City in Downtown, direkt unter dem L-Train. Wie eine ratternde Raupe windet sich die Subway durch die Straßen, legt sich wie ein Lasso um die Hochhäuser, taucht die Lake Street, Wells Street, Van Buren Street und Wabash Avenue in dauerhaften Schatten. Abend für Abend fährt Richard Gere mit dem L-Train zu Susan Sarandon nach Hause, und Abend für Abend sieht er in einem der vorbeiziehenden Häuser Jennifer Lopez Tanzunterricht geben. Eines Abends im Jahr 2004 schließlich gibt er sich den Ruck, verlässt den Waggon, betritt zaghaft das Tanzstudio, findet sich plötzlich auf einem neuen Lebensparkett wieder. Und dann *Santa María* von Gotan Project. *Shall we dance?*

Der L-Train setzt sich wieder in Bewegung, alles wackelt und vibriert, kurz vor der Kurve bremst sich der Zug ein, es quietscht in meinen Ohren … Sex.

Auf Thorny!
Oaxaca de Juárez

- 330 000
- 5 Tage
- Mexiko

»Hola, Gringo! Komm her, setz dich zu uns! Lust auf ein Gläschen Mezcal?« Schon fließt der goldig braune Agavenschnaps in den Pappbecher. »Da hast du! Chinchín! Auf Thorny!« Jane Robison kommt eigentlich aus der San Francisco Bay Area. Gemeinsam mit ihrem Mann Thornton, sagt sie, ist sie vor 18 Jahren hierher gezogen, in den Süden von Mexiko, wo das Wetter wärmer und der Alltag sonniger ist. »Wir wollten unserem Leben einen Kick geben und haben uns damals unseren lang ersehnten Traum erfüllt … ein eigenes Hotel! Casa Colonial, ein kleines, entzückendes Hotel mit eigenem Garten, zwei Gehminuten von der Innenstadt entfernt, das musst du dir anschauen!«

Jane zupft das Stofftuch zurecht, drückt all ihren Freunden, Bekannten und Hotelbediensteten Pappteller in die Hand, mischt nochmal im gekochten Mais herum, und dann in der schwarzen Mole, was für ein wunderbarer Duft, schleckt den Holzlöffel ab, dreht die Gasflasche zu. »So, fertig! Jetzt muss ich endlich was essen, sonst verhungere ich noch, und dann kann ich mich gleich zu meinem Thorny dazulegen. Nach so vielen Stunden am Grabstein friert einem echt der Arsch ab. Thorny war ein guter Mann. Auf meinen Thorny!«

Ay, que bonito es volar a las dos de la mañana! Me agarra la maldita bruja, me lleve al cerrito, me sienta en sus piernas, me da de besitos, de besitos, de besitos. Oh, wie schön ist es zu fliegen um zwei Uhr morgens! Die Hexe, die verdammte, sie packt mich und bringt mich zum Hügel, und setzt mich auf seine Gebeine, und er küsst mich, küsst mich, küsst mich. 2008, sagt sie, kam Thorny bei einem Autounfall ums Leben. Sie selbst saß mit im Wagen, kam mit leichten Verletzungen und Schürfungen davon. »So, das ist die Geschichte. Aber schließlich sind wir hier nicht in den USA, wo wir uns jetzt heulend in die Arme fallen würden, sondern am Día de los Muertos in Mexiko. Und deswegen wird gefeiert!«

A la bruja me encontre, la bruja me agarra, me lleva al cuartel, me da de comer. Ich bin der Hexe begegnet, sie packt mich, zerrt mich, ab in ihr Haus, und gibt mir zu essen. Es gibt, wie immer am 31. Oktober, Tamales, gedämpfte Maisblätter, die mit einer dicken, festen Masse aus Maismehl, Schmalz, Fleisch, Käse und Reis gefüllt werden, eine Spezialität der Region. Dazu einen Löffel Mole, scharf in der Nase, mit Tomaten, Anis, Kümmel, Chilischoten und dunkler Schokolade. Und einen Becher Mais mit Zitronensaft und Mayonnaise. »Da, iss, Gringo! Aber iss nicht zu viel davon, sonst schaffst du den Pan de los Muertos nicht mehr, und glaube mir, der Pan ist das Beste und Wichtigste überhaupt!«

Und dann stellt Jane ein paar Totenköpfe aus Zuckerguss und Marzipan aufs Grab. Die Calaveras de Dulce sind geschmückt mit Lebensmittelfarbe und viel Geduld. Dazu ein Zigarettenpäckchen, eine Schnapsflasche, ein Glas Nutella. »Alles, was mein Thorny gerne hatte … Schließlich wollen wir ihm Gutes tun. Jetzt schau nicht so! Wenn du weiterhin so traurig und nachdenklich in die Gegend schaust, dann vergraulst du mir noch meinen Mann!« Die drei Mariachi, die am Grabstein sitzen, zupfen schon die Saiten. *La Bruja.* »Jetzt wird getanzt!«

Rosen, Veilchen, Gras
Toulouse

- 480 000
- 2 Tage
- Frankreich

Der kleine Prinz war schon lange durch Sand, Felsen und Schnee gewandert. Da entdeckte er endlich eine Straße. Und alle Straßen führen zu den Menschen. »Guten Tag«, sagte er. Es war ein Blumengarten voller Rosen. »Guten Tag«, sagten die Rosen. »Ja, das ist in der Tat eine wunderschöne Kaffeekanne, Ende des 19. Jahrhunderts, würde ich sagen. Das Rosenornament ist typisch für die Region Midi-Pyrénées. Ich muss immer an den kleinen Prinzen mit seinem kleinen Röslein denken, nicht wahr? 65 Euro kostet die Kanne.« Die hübsch angezogene Dame, dunkelblaue Strickweste mit Blumenstickereien am Kragen, leitet ein Antiquitäten- und Chinoiserie-Geschäft auf zwei Etagen, *La Rose et le Jade*, 62 Rue Matabiau, nur ein paar Gehminuten vom Bahnhof entfernt.

Was für ein schöner Name für so einen Laden, sage ich ihr. Wie heißen Sie? Seit wann gibt es das Geschäft? Und wie sind Sie überhaupt auf die Idee gekommen, sich auf Rosen und Jade zu spezialisieren? »Wozu wollen Sie das wissen? Dann steht noch mein Name in irgendeinem Reiseführer, und Hunderte Touristen stürmen mein Geschäft. Non, merci! Pas question! Ich möchte einfach nur allein sein … Möchten Sie die Kanne nun oder nicht?« Wie schrieb doch der Schriftsteller und Pilot Antoine de Saint-Exupéry, der in den Zwanzigerjahren von Toulouse aus, wo heute die Airbusse gebaut werden, in die

Lüfte stieg? *Wofür sind Dornen gut? Die Dornen haben gar keinen Zweck, das ist reine Bosheit der Blumen!*

Ein paar Straßenblocks weiter, im Canal du Midi, liegt *La Maison de la Violette* vor Anker, ein auf Veilchen spezialisiertes Geschäft, das sich, zehn Stufen abwärts, im Bauch eines alten, grün-violett lackierten Holzschiffs befindet. »Bonjour, Monsieur!« Hélène Vié, sie verrät mir ihren Namen, hat ein ganzes Veilchenuniversum im Angebot: Seifen, Crèmes, Parfum, Honig, Sirup, Makronen und natürlich kandierte Veilchenblütenblätter. *Man sollte den Blumen nie zuhören. Wir müssen sie betrachten und ihren Duft einatmen.* »Sagen Sie selbst, Monsieur, riecht das wunderbar?«, fragt mich Madame Vié, ein Veilchensäckchen in der Hand. Oh, oui! C'est très intense, sage ich ganz verlegen, ohne auch nur das geringste Kitzeln in den Nasenhärchen zu spüren. Veilchen sind schön anzuschauen, aber sie sind nichtig zu riechen.

La ville en rose wird Toulouse so gerne genannt. Häuser, Brücken, Straßen, ja sogar die Kaianlagen sind aus Millionen, wahrscheinlich Milliarden ziegelroten Ziegelsteinen errichtet. Erst in den Fünfzigerjahren, hat mir Madame Vié erzählt, wurde der Putz von den Häusern geschlagen, um der Stadt wieder ihr ursprüngliches Erscheinungsbild zurückzugeben, nachdem Jahrhunderte lang die Hausfassaden aus Scham vor der nackten, sichtbaren Armut nach und nach verputzt worden waren. Ich finde Toulouse bezaubernd, aber es will mir nicht gelingen, diese Stadt mit meinen Sinnen zu begreifen. Am Treppelweg neben der Garonne, unter den alten Platanen, sind alle Rosen- und Veilchenideen endgültig überdeckt und verflogen. Am Kai sitzen Studenten, die Füße baumeln über dem Wasser, und rauchen Hasch. *»Auf Wiedersehen«, sagte der kleine Prinz. »Auf Wiedersehen«, sagte die Blume. Er legte sich ins Gras und weinte.*

Gillette und der weite Weg zu Allah
Mombasa

- 1,2 Millionen
- 3 Tage
- Kenia

»Wir sind gleich da«, sagt Walukana Aggrey. »Siehst du da vorne das Glitzern im Wasser? Das ist der Hafen. Die Fähre wird uns nach Mombasa rüberbringen.« Ein letztes Mal noch blicke ich nach oben, zu meinen geliebten Colobus-Affen, diesen wunderbaren Primaten, die aussehen wie russisch-orthodoxe Priester mit weißem Rauschebart und schwarzer Pelzmütze. Als hätten sie es in der Äffchenschule gelernt, die Verkehrsregeln zu befolgen und Fußgängerbrücken zu benutzen, klettern sie mit einer zielstrebigen Selbstverständlichkeit die Strom- und Laternenmasten nach oben und überqueren die stark befahrene Küstenstraße auf den Strickleitern, die hoch über den Autokolonnen von Mast zu Mast gespannt sind. »Früher gab es auf der A14 immer wieder tote Colobus-Affen«, sagt Walukana. »Doch dann hatte irgendwer die Idee, Strickleitern über die Straße zu spannen, und die Affen haben das Angebot sofort angenommen.«

400 000 Menschen nützen die Fähre jeden Tag, um vom Festland auf die kleine Insel zu übersetzen. Die Affen haben ihre Strickleitern, denke ich mir, und die Menschen ihre in Deutschland zusammengeschweißten Stahlkähne Kwale und Likoni, die im Zehnminutentakt zwischen den beiden Ufern hin- und herfahren. Die Innenstadt von Mombasa ist eine nur 13 Quadratkilometer große, unendlich dicht bebaute Insel zwischen den vier

Hafenbecken Port Tudor, Port Reitz, Kilindini Harbour und Mombasa Harbour. Mit dem Festland ist die Innenstadt über gerade mal drei zivile Brücken verbunden, und doch scheint das Leben zu funktionieren. Am Horizont weiße Hochhäuser und Container in allen Farben.

Es riecht nach Fisch und nach Müll, die Luft flimmert in der heißen Nachmittagssonne, überall Tankstellen, Krankenhäuser und Nakumatt-Supermärkte, die mit dem blauen Schriftzug und dem schwarz-weißen Elefantenkopf als Logo. Mombasa hat wenig zu bieten. Das Fort Jesus, in dem man durch die portugiesische Geschichte der Stadt spazieren kann, die vier großen Aluminiumstoßzähne, die über die Abdel Nasser Road ragen und das Tor zu Ostafrika symbolisieren, die Mombasa Train Station, von der Meryl Streep und Robert Redford 1985 weggefahren sind, um sich als Karen Blixen und Denys George Finch Hatton ineinander zu verlieben.

»Do you know *Out of Africa* with Misses Streep and Mister Redford?«, fragt mich Kuimba, während sie mir die Haare schneidet. Kuimba betreibt einen kleinen Friseursalon in einem der verwinkelten Gässchen hinter der Mackinnon-Markthalle. Das Viertel ist voller winzig kleiner Läden, die auf wenigen Quadratmetern ihre Geschäfte abwickeln. Die Infrastruktur wird ausgelagert und kollegial improvisiert. Das ist die DNA dieser Stadt. »Something into your hair for finish?«, fragt sie mich am Ende und bietet mir ihre Auswahl an, in der einen Hand eine Dose Rasierschaum, in der anderen ein Fläschchen Aftershave. Ich entscheide mich für Ersteres und finde mich als weißes, speckig glänzendes Sahnehäubchen im Spiegel wieder. If I like it? Yes … Excuse me, Kuimba, where's the restroom, please? »Oh, no problem, Sir! You just go outside and straight ahead until you reach Masjid Bahdala Mosque. They have restroom.«

Das Haus der Waisenkinder
Amsterdam

- 👤 860 000
- 🕐 2 Wochen
- 📍 Niederlande

»Jetzt, wo du frischgebackener, vielfacher Papa bist…
Ich denke, wir müssen anstoßen! Wart mal, ich glaube,
ich habe noch irgendeinen billigen Sektfusel im Kühl-
schrank. Bin gleich wieder da!« Und dann verschwindet
sie für ein paar Augenblicke hinter der kleinen Türe und
läuft hinunter in den Keller. »Ich hoffe, Kaffeetassen sind
okay? Du musst Ja sagen, denn was anderes habe ich sowieso nicht. Also … Cheers! Auf die neuen Babys!«

Marleen Kurvers ist die coolste Mama Amsterdams.
»Tagesmama, bitte! Ich bin nur eine Zwischeninstanz!«
In ihrer interimsmäßigen Obhut, sagt die 36-Jährige, befinden sich einige Zehntausend Kunstwerke: Zeichnun-
gen, Gemälde, Collagen, Übermalungen und Skulptu-
ren, die niemand, wirklich niemand mehr wollte. Es sind
vergessene Kunstwerke, die im Rahmen der *Beeldende
Kunstenaars Regeling*, der Regelung für bildende Künstler, zwischen 1956 und 1987 entstanden sind, damals, als
die Künstlerinnen und Künstler zum Ausgleich für die
öffentliche Förderung dem Staat Niederlande pro Jahr ein
Kunstwerk vermachen mussten, und die nun im Begriff
waren, in den Lagerräumen der Stadt- und Staatsarchive
zu verschimmeln und zu vergammeln. Hier, in der *Oode
galerij voor verweesde kunst*, im Arsenal der verwaisten
Kunstwerke, Singel 159a, soll ihnen noch einmal die
Chance auf ein würdiges Leben gegeben werden.

»Weißt du, das Programm damals war echt großartig und hat einige berühmte Maler hervorgebracht, die nach dem Krieg sonst wahrscheinlich nicht überlebt hätten, Karel Appel, Eugène Brands, Robbie Cornelissen, und jetzt liegen viele von ihnen gehortet und eingemottet in irgendwelchen Kellern. Also habe ich beschlossen, eine Galerie zu gründen, wo ich die Kunstwerke wieder wachküssen und aufpäppeln darf.« Der Name *Oode*, sagt Marleen, stammt aus dem Altniederländischen und heißt so viel wie Hingabe und Engagement.

In der Auslage lehnt ein Gemälde mit Holzrahmen. Es ist ein abstraktes Bildnis in Ziegelrot, Petroleumblau und Basketballorange, das im Entferntesten an einen Sportplatz erinnert. *Verloren Terrein*, das verlorene Land, Öl auf Leinen. Auf der Rückseite ist, direkt am Keilrahmen, ein längst vergilbter Aufkleber angebracht. *Kunstenaar: Jeanne de Kruif. Kunstwerknummer 968-004. Techniek: Olieverfschilderij. Prijs: f 1 250,- incl. BTW. Eigendom van: Uitleencentrum voor Beeldende Kunst Utrecht (Gemeente Utrecht).* Daneben ein neues Preisschild: 200 Euro. Marleen schaut mich an, Augenbrauen hoch, der Kopf leicht zur Seite geneigt, ein kesses Grinsen. »Ich nehme an, du willst dieses Bild auch noch adoptieren? Eine gute Entscheidung! Dann stelle ich schon mal die Papiere aus … Hier bitte, eine Unterschrift … Mit der Anerkennung der Vaterschaft erklärst du, Wojciech Czaja, dich bereit, dafür Sorge zu tragen, dass die adoptierten Kunstwerke an einem gut sichtbaren Ort ausgestellt werden. Der Durchschlag, dank je wel, bleibt bei mir in der Galerie.«

Draußen vor dem Waisenhaus hat gerade ein Baggerboot Halt gemacht. Immer wieder fällt mit einem lauten Platsch die Baggerkralle in die Singelgracht und fischt stundenlang Fietsen, verwaiste Fahrräder, und Roeiboten, untergegangene Ruderboote, aus dem Wasser.

Adeus, Portugal
Macau

- 655 000
- 2 Tage
- VR China

»Ich kann Ihren Namen nicht verstehen, aber er klingt für mich wie Flavio. Also reserviere ich jetzt einen Tisch für Flavio. Wir sehen uns am Abend, adeus!« Die Altstadt von Taipa ist einer der wenigen Orte, die noch an die portugiesische Vergangenheit erinnern, an jene Zeiten, als die europäischen Schiffsleute 1516 vor Anker gingen und die einstige Fischersiedlung am Perlfluss nach und nach kolonialisierten und mit barocken Kirchen und prächtigen Handelshäusern spickten. Man geht auf buckligen Straßen, die Hausfassaden sind mit Azulejos verfliest, und das Licht strömt wie vor hundert Jahren aus schmiedeeisernen Kandelabern.

Im Dezember 1999 wurde Macau an China zurückgegeben. Seit damals sind die Sprache, die zweisprachigen Straßenschilder und die blau-weißen Keramikkacheln mehr und mehr aus dem Alltag verschwunden. Portugiesisch spricht heute fast niemand mehr. »Mas aqui, neste restaurante, ainda falamos português!« António Coelho höchstpersönlich öffnet die Türe, verbeugt sich wie ein Gentleman und bittet mich ins Lokal hinein. »Boa noite, Senhor Flavio!«

António hat eine Vorliebe für Goldkettchen und Michelin-Sterne. Seine Kochweste sieht aus wie die Rennanzüge von Lewis Hamilton und Ayrton Senna. Überall hängen Abzeichen und Medaillen herab, am Ärmel sind

Flecken von Rotwein und Bratensauce. »Macau hat sich dramatisch verändert. Nicht unbedingt zum Besseren. Also versuche ich, meinen Beitrag zu leisten, um zumindest einen Teil der portugiesisch-chinesischen Vergangenheit zu erhalten. Was möchten Sie essen?« Ich entscheide mich für Caldo verde, Cangrejo frio und Açorda de mariscos. Es wird köstlich schmecken, besser als in Portugal.

»Portugal? Ach, mit Portugal hat das alles schon lange nichts mehr zu tun«, sagt meine Sitznachbarin Xeila beim Cafezinho. »Macau ist eine einzige Geldmaschine, schlimmer als Las Vegas.« Und tatsächlich macht Macau in manchen Jahren mehr Umsatz als das amerikanische Original. Ein paar hundert Meter hinter der Altstadt von Taipa ragt der Campanile des Kasinohotels The Venetian in den Himmel. Die Rialtobrücke überspannt die sechsspurige Zufahrtsstraße. Im Dogenpalast verbirgt sich ein Shoppingcenter mit Canal Grande und jungen Gondolieri, die *O sole mio*, *Santa Lucia* und *La donna è mobile* singen. Auf der anderen Seite des Flusses thront das 260 Meter hohe Kasinohotel Grand Lisboa, das die Architekten als blühende Lotusblüte verstanden wissen wollen. Vielmehr erinnert das Hochhaus an eine in Flammen stehende Drag Queen mit goldenem Paillettenkleid und bis auf die Schulterpölster heruntergezogener Falkenkappe. Das Online-Portal *ugliestthingintheworld.com* hat den Turm zum hässlichsten Hotel der Welt gekürt.

In der Avenida da Praia Grande 975 vergeht der Weltschmerz ein wenig. Hinter der altrosa Fassade des Club Militar, einer Uralt-Institution aus Kolonialzeiten, serviert Kellner Flavio (ein echter Flavio) Pudim flan und ein Gläschen Portwein. Prächtig gefüllte Blumenvasen zwischen den Sitzbänken, am Nachbartisch wird Zigarre geraucht. Endlich wieder Portugal.

Der Wald in meinem Wohnzimmer
Ruda Śląska

- 👤 145 000
- ◐ 3,5 Jahre
- ◉ Polen

Der Lift ist wieder einmal außer Betrieb. »Komm, Wojtuś, wir gehen ins Nebenhaus«, sagt meine Mama. Und ich weiß, dass ich gleich wieder meine Stadt von oben sehen werde. *Uwaga! Przed wstąpieniem do windy sprawdź, czy jest kabina w szybie.* »Da steht Achtung, und dass man immer ganz genau schauen muss, ob die Liftkabine da ist, bevor man in den Lift einsteigt. So wie man auch erst schaut, ob ein Auto kommt, bevor man über die Straße geht. Hörst du?« Die Kabine ruckelt, die Glühbirne ist kaputt, im zehnten Stock macht es einen plötzlichen Rumms. Mama stößt die Türe auf. Wir gehen noch einen Stock höher, eine graue Eisentür, der Wind pfeift durchs Schlüsselloch, und dann marschieren wir, sie hält meine Hand fest, in der anderen Hand trägt sie den vollen Wasserkübel, den sie unten in der *Hydrofornia*, in der Pumpstation, aufgefüllt hat, über das Kiesdach, es knirscht unter meinen Füßen, hinüber zur Stiege 4A.

»Siehst du das Feuer am Himmel? Und die vielen Schlote? Weißt du, was das ist? Das ist das Kokswerk, genau. Und da drüben, die große Kurbel neben dem Wald, wer arbeitet da? Genau, dort ist der Onkel Józek. Und rechts davon, dort ist der Onkel Antek. Und dahinter, da ist der Onkel Piotrek. Die arbeiten alle ganz tief unter der Erde.« Ruda Śląska, werde ich viele Jahre später lernen, bei einem unserer vielen Besuche bei Frau Marysia, wenn

174

wieder einmal Mayonnaisesalat, Dosenchampignons und gekochte Würstchen auf den Tisch gestellt werden, sie wohnt in der Türe vis-à-vis, immer noch, bis heute, ist eine Industriestadt mit Koksereien und Kohlebergwerken. Immer wieder kommt es zu Methangasexplosionen und Einstürzen unter Tag. Frau Marysia, die mit den viel zu sauren Schwammerln, klopft auf die Tischplatte, weil sie froh ist, dass wir noch niemanden verloren haben.

Wir gehen weiter, über die vielen kleinen Steinchen, es knirscht so lustig, wieder ins Haus hinein, und dann zu Fuß hinunter in den neunten Stock. Mama sperrt die Türe auf, Tür Nummer 29, die mit der dunkelbraunen Klebefolie. Ich liebe unsere Wohnung. Am zweitliebsten habe ich die Stühle mit den ausgeschnittenen Herzchen in der Küche. Am erstliebsten aber habe ich den großen Wald im Wohnzimmer. Den hat mein Papa tapeziert. So einen schönen Wald gibt's nirgendwo sonst, nicht einmal im Kindergarten. »Wojtuś, die haben schon wieder den Wasserdruck ausgeschaltet. Die Mama muss hinunter in die *Hydrofornia*. Magst du mitkommen? Oder bleibst du da?« Ich mag dableiben. Ich bin gerne in unserem Wald im Wohnzimmer. Weil da ist kein Feuer. Dann sitze ich am Boden oder marschiere zwischen den Bäumen hin und her, so wie *Bolek i Lolek*.

Heute, sagt meine Mama, fahren wir zu Tante Irka und Onkel Piotrek nach Zabrze, nach Hindenburg. Erst mit dem Zug, und dann weiter mit dem Tramwaj. Vor dem Tramwaj habe ich immer Angst. Der ist rot, kaputt und schaut so böse. Und die Klappen auf der Seite sind offen und scheppern so laut auf den schiefen, wackeligen Schienen. Und dann fährt der Tramwaj vorbei an irgendwelchen Fabriken mit großen Kurbeln, da, wo die ganzen Onkels arbeiten, tief unter der Erde, und dann vorbei an den brennenden, feuerspeienden Kaminen.

Danke, Roland Emmerich!
Los Angeles

- 13,5 Millionen
- 6 Tage
- Kalifornien, USA

Einen wunderschönen guten Morgen! Auf der 110 North-
bound bei Huntington Park müsst ihr heute ordentlich auf
die Bremse steigen, Leute. Und auf dem San Bernardino
Freeway 10 Westbound, kurz nach dem Kellogg Inter-
change, ist ein Truck umgefallen und blockiert die Fahr-
spuren 3, 4 und 5. Für alle, die gerade in bester Gesellschaft
sind: Die Diamond Lane ist okay. Ansonsten bitte auf die
210 im Norden oder auf die 60 im Süden ausweichen! »Du
wolltest ja nach Los Angeles. Jetzt lernst du die Stadt
von ihrer aufrichtigsten Seite kennen.« Florence hat die
Sonnenblende aufgeklappt und den Schminkspiegel auf-
geschoben, kramt in ihrer Handtasche gerade nach dem
Lippenstift. »Sollten wir heute doch noch nach Bel Air
und Beverly Hills kommen, muss ich ja schön sein. Shit!
Ich werde dort die einzige 75-jährige Granny sein, die
noch nicht am Tisch gelegen ist.«

Das werdet ihr nicht glauben! Auf dem Garden Grove
Freeway in Stanton, Westbound, liegt ein Plastikstuhl,
den der Wind hierher geweht hat. Be careful! Und auf der
Four-O-Five Northbound, bei Culver City, totale Marme-
lade, derzeit zero miles per hour, sorry folks! »Shut the fuck
up, you cock sucking, motherfucking sonuvabitch! Ich
werde dann mal abfahren.« Florence wohnt in Encini-
tas, 20 Meilen nördlich von San Diego. Sie liebt es, nach
Tijuana zu fahren, über die Grenze, hinüber in eine an-

dere, in eine heile Welt, wie sie meint. Und sie hasst Los Angeles wie die Pest. Der Lippenstift steht ihr gut.

Der One-O-One am Hollywood Split ist frozen, und am El Toro Y, höre ich gerade von meinen Kollegen aus der Luft, haben sich zwei Autos geküsst. Zähflüssiger Verkehr. KNX 1070 News Radio wishes you a good day! 1781, als die Stadt gegründet wurde und noch El Pueblo de Nuestra Señora la Reina de los Ángeles de la Porciúncula hieß, waren die Engel noch Gesandte des Himmels. Heute sind sie Wächter über die Hölle. »In Los Angeles sind die Polizeihubschrauber mit Kameras und Suchscheinwerfern ausgestattet und kreisen Tag und Nacht über der Stadt«, schreibt der in Nigeria geborene und nach L. A. geflüchtete Schriftsteller Chris Abani in seinem Fragment *Der diebische Engel.* »Die endlosen Freeways gleichen Flüssen, die die Angst dieser Stadt rausspülen in die See; ihre Namen klingen so kraftvoll wie altes Hebräisch: 405 North, 110 South, 101 North, 405 East, 110 North, 5 South, 605 East; wie die Längen- und Breitengrade einer Schatzkarte, auf der die Angelos umherirren, immer auf der Suche nach ihrem Traum von sich selbst.«

Wir sind angekommen, verbringen die nächsten Tage bei den Engeln, fahren mit dem Auto zu den filmreif inszenierten Inseln des Zu-Fuß-Gehens, nach Downtown, Hollywood, Bel Air, zum Rodeo Drive, zu den Universal Studios, zum gottverdammten Citywalk in den Hollywood Hills, einer Stadtattrappe mit viel zu großen Leuchtschildern und viel zu freundlichen Menschen. Ich hasse Los Angeles, mit jeder Stunde, mit jedem Tag mehr, und endlich verstehe ich, warum in *Earthquake, The Core, Independence Day, The Day After Tomorrow* oder in Roland Emmerichs *2012* der US Bank Tower immer als Erstes einstürzen und explodieren und Los Angeles immer als Erstes untergehen muss.

0 Grad Fahrenheit
Wuppertal

- 350 000
- 2 Tage
- Deutschland

Schon Minuten, bevor der Zug in die Station einfährt, schnalzt und peitscht es in den Schienen. Es ist ein Quietschen und Kreischen, das mit jedem zurückgelegten Meter immer lauter und lauter wird. Die Vibrationen im Stahl und im Herzen nehmen zu. Endlich, endlich, endlich biegt der orange-blaue Wagen um die Ecke, schert ein letztes Mal aus, schaukelt ein wenig hin und her und fährt fast schwerelos schwebend in die Haltestelle Westende ein. *Vorsicht beim Ein- und Aussteigen. Wagen pendelt!*

Die 1901 errichtete, mittlerweile denkmalgeschützte Schwebebahn ist die kulturelle und infrastrukturelle Nulllinie von Wuppertal, sie ist die strichförmige Quintessenz der ganzen Stadt. 20 Stationen verteilen sich auf eine Länge von rund 13 Kilometern. Zum überwiegenden Teil schlängelt sich die Bahn mit ihren Reklameflächen am Bauch wie ein Tausendfüßer, wie ein dreidimensionaler Schatten der Wupper durchs Tal, alles ist im Fluss, im Westen dann entflieht sie dem Wasser, kreuzt den Verkehrsfluss der A46 und folgt von da an dem Verlauf der Kaiserstraße. Die Brückenpfeiler und Stahlrahmen rattern nur so dahin. 935 Portale sind es in Summe, verrät Wikipedia. Gustave Eiffel würde der Neid fressen.

Lange Zeit habe ich geglaubt, Wuppertal bestehe nur aus Bahnhöfen, hat Heinrich Böll einmal gesagt, *anein-*

178

andergereiht, um die Lokführer nicht übermütig werden zu lassen, um sie das Bremsen, Anfahren, Bremsen zu lehren. Die Lektion haben sie gelernt. Guido Ferrai (ein ziemlich rasanter Name) ist einer von ihnen, er ist Schwebebahnfahrer seit 13 Jahren, das gute Bremsen gehört zu seinem Job. Der 56-Jährige ist schwindelfrei, das muss er auch sein, denn gelegentlich klettert er auf halber Strecke aus der Gondel, um in zwölf Meter Höhe die Bremsklötze zu kontrollieren oder einen Schaden auf der Monorail zu beheben.

Heute ist Guido in Fahrt. Doch ich stelle mir vor, wie er auf dem Stahlgerüst balanciert und in langsamen Bewegungen mit dem Himmel tanzt. So wie Pina Bausch. Zeit ihres Lebens hat die Tänzerin und Choreografin, die 2009 in Wuppertal zum letzten Grand Plié angesetzt hat (eine Tanzfigur heißt *Tote Frau*), mit ihrem Ensemble ganz Wuppertal betanzt, immer wieder einen Pas de deux mit der schwebenden Bahn gemacht. Die Bilder machen Gänsehaut und Tränen.

W Upper Valley, so der inoffizielle Name der hier lebenden jungen Leute, ist eine der eigenartigsten Städte der Welt. Es gibt einen erst kürzlich herausgebrachten, von der EZB offiziell anerkannten Null-Euro-Schein, der die Schwebebahn darstellt. Es gibt das Stadtzentrum Elberfeld-Mitte, auch besser bekannt als der nullte Bezirk mit der Postleitzahl 00. Zwischen den Häusern, auf der Straßeninsel, in der Wupper entdecke ich Pina, die hagere Tanzende mit den lautesten Augenbrauen der Welt. Ich sehe Oskar Werner, Schwebebahn fahrend, in dieser quasi manifest gewordenen Stadtkulisse. Und ich denke an das Elefantenweibchen Tuffi, das einst aus der Schwebebahn ausgebrochen und in die Wupper gesprungen ist, damals, am 21. Juli 1950. Wuppertal ist der Nullpunkt des Surrealismus.

Die schönen Inseln
Mexico City

- 👤 21,2 Millionen
- 🕐 2 Wochen
- 📍 Mexiko

Das Geld ist weg. Die Uhr ist weg. Das Büchlein mit all meinen Notizen und Aufzeichnungen ist weg. Der Zócalo, fast einen Kilometer im Umfang, ist einer der größten und einer der kriminellsten Plätze der Welt. Doch die Polizei ist nett, mit Blaulicht fährt sie mich ins nächste Revier, feines Metallgitter, kein Türgriff, keine Fensterkurbel, Mexico City, was für ein innen brennendes Gefühl! Gestern noch war ich in ihrem Haus, in ihrem Museum, Colonia del Carmen, habe in ihrer gelben Küche geweint. *Letztlich sind wir fähig, sehr viel mehr auszuhalten, als wir uns vorstellen können.* Frida Kahlo.

Am Polizeirevier. Mit all den anderen Bestohlenen und jenen, die behaupten, bestohlen worden zu sein. Ein Formular, korrekt und wahrheitsgemäß ausfüllen, leserlich und in Blockschrift, und dann folgen ein paar angsteinflößende Begriffe: Lüge, Wahrheit, Zwangsarbeit, Zuchthaus, Gefängnis. Alles, was ich wieder will, ist mein Notizbuch. Das Notizbuch mit meinen niedergeschriebenen Gedanken, das kleine Buch, das später mal ein großes werden soll, ein Buch über die Städte der Welt. Vielleicht hat sich mein Mexico City jetzt gewandelt, ist nicht mehr das gleiche wie es noch vor einer Stunde war, um 22 Uhr 30, oder so ähnlich. *Nichts ist absolut. Alles verändert sich, alles bewegt sich, alles dreht sich, alles fliegt und verschwindet.* Frida.

Mexico City, rund 35 Kilometer im Durchmesser, ist ein brutaler Megamoloch. Müll, Gestank, Wassermangel, fehlende Kanalisation, Millionen Menschen an der Armutsgrenze, jedes Jahr sackt die Stadt, die auf Sumpf und Morast errichtet ist, um 30 Zentimeter ab. Tenochtitlan, ausgerechnet hier, was haben sich die Azteken damals nur gedacht? Und trotzdem berührt mich die Stadt, spornt mich dazu an, das Schöne im Hässlichen zu entdecken, auf den Spuren von Diego Rivera, von Octavio Paz, von Pita Amor, von María Félix, von Luis Buñuel, von Leo Trotzki, von Luis Barragán. Und von Frida. Der böse Tod in ihrem Haus ist überall. In ihrem Atelier in der Calle Londres 247 hängen grausam grinsende Skelette zwischen den Fenstern, tanzende Wesen an der Schnittstelle zwischen Lust und Schmerz. *Die Schönheit und die Hässlichkeit sind ein Trugbild, da die anderen am Ende immer in unser Inneres schauen.*

Unterschrift, Fingerabdruck, Einverständniserklärung. Ein elektrischer Summton, die Gittertür geht auf, ich darf wieder hinaus auf die Straße. In Mexico City werde ich süchtig nach den entlegenen Inseln im Moloch, nach den Schönheiten, die einem niemand rauben kann. Nach den bemalten Arkaden von Diego Rivera, Palácio Nacional. Nach den tausend Farben von Luis Barragán, Calle General Francisco Ramírez 12-14. Nach den absurden, surrealen Szenen von Luis Buñuel, Calle Félix Cuevas 27. Und nach den kleinen Hunden im Parque México, Nobelbezirk Condesa. Hier ist das Leben schön. In Condesa werden die Pudel, Malteser und Cocker Spaniels an Leinen von Gucci, Bally und Burberry durch den Park geführt, sie tragen winzig kleine Fußballtrikots in den Farben des Nationalteams und selbst gestrickte Söckchen an den Pfoten. *Ich male meine eigene Realität, ich male, weil ich muss.*

Euroremont
Baku

- 2,4 Millionen
- 5 Tage
- Aserbaidschan

Ramin zieht das silbergraue Fell über die Holzform, spannt es vorsichtig über die Kante, klemmt es zwischen zwei Stofflagen und drückt auf den grauen Knopf der Maschine, auf den mit dem roten Lämpchen. Nach ein paar Sekunden beginnt das Lämpchen zu blinken, es zischt und faucht, der Dampf verteilt sich im ganzen Raum. An der Wand über der Arbeitsbank hängen Werkzeuge und Schablonen. In den darüberliegenden Regalen befindet sich Ramins gut behütetes Lager, hinauf bis zum Plafond. Nach ein paar Sekunden ist alles vorbei, die Hitze ist verschwunden, ein weiterer Arbeitsschritt ist erledigt.

»Ich liebe den Winter«, sagt Ramin Farzaliyev. Der 28-Jährige ist Hutmacher in dritter Generation. Er sitzt in einem sieben Quadratmeter großen Kabäuschen im Hinterhof des Azerbaycan Prospekti, jener Prachtstraße, die die Altstadt mit der Neustadt verbindet. Früher, als die Schwarzmeer-Metropole auf der Abşeron-Halbinsel noch das Mallorca der Polen und Tschechoslowaken war, gab es hier einen traditionellen Laden neben dem anderen, sagt er. Doch die Welt hat sich verändert. Seit dem Eurovision Song Contest liegt die Straße in der Hand von internationalen Modeketten, von Mango, H&M und Pierre Cardin.

Ramin streichelt das Fell, kräuselt die Locken, greift ein paarmal zur Dampfpistole. Zwei bis drei Tage braucht er für eine klassische Milli-Papaq, so heißen die flachen, zylindrischen Hüte aus Karakulschafspelz. »Wenn ich hier hinten in meiner Werkstatt sitze und Pelzhüte nähe, dann schmecke ich das Meer, dann spüre ich den Wind, dann denke ich an die eisigen Temperaturen auf meiner Haut. Solange es Winter gibt, und solange es Aserbaidschan gibt, so lange wird es auch Papaqs geben.«

Draußen ist Baustelle. In ganz Baku werden gerade original-historische Prachtbauten errichtet. Hinter den maschinell gefertigten Sandsteinfassaden stecken moderne Wohn- und Bürohäuser aus Beton. Meist aber werden damit alte Plattenbauten aus den Sechzigern und Siebzigern kaschiert. Der halb europäische, halb orientalische Touch soll ihnen wieder Glanz und Gloria verleihen. Euroremont nennt sich diese Sanierungsoffensive. Am östlichen Stadtrand, wo einst Qara Şeher, die Schwarze Stadt mit ihren riesigen Erdölfeldern und mehr als 120 Raffinerien lag, entsteht die Baku White City, ein neuer Stadtteil für 50 000 Einwohner. Und im Westen wird gerade Hazar Island gebaut, eine aufgeschüttete Stadt für Millionäre, mit dem tausend Meter hohen Azerbaijan Tower in der Mitte. Baku will das neue Dubai werden.

Oder auch nicht. In Abşeron steht ein Bohrturm neben dem anderen. Auf dem Weg zu den Schlammvulkanen in Qobustan tauchen mitten im Nirgendwo plötzlich Plattenbauten auf, Wohnhäuser für Ölfamilien. Und Neft Daşlari, eine Stelzenstadt im Meer, 1948 zur Ölgewinnung errichtet, die pechschwarzen Straßen führen mehr als zehn Kilometer hinaus auf die offene See, wird auch heute noch eifrig ausgebaut und erweitert. Hinter den Kulissen des neuen Baku bleibt vielleicht auch einiges beim Alten. Ramin grinst wie ein glücklicher Mann. »Magst du noch eine Tasse Chay?«

Nguyêns Tröpfchenlied
Hoi An

- 👤 75 000
- 🕐 3 Tage
- 📍 Vietnam

Das silberne Lochsieb ist fest zugezogen, das kochend heiße Wasser ist oben eingefüllt, und nun heißt es warten. In der durchsichtigen Tasse darunter liegt ein kleiner See aus Kondensmilch. Alle paar Sekunden fällt ein Tropfen Kaffee durch den blechernen Filter, färbt die Milch erst cremig, dann beige, schließlich braun. Nguyên schaut gebannt auf die zwölf Zentimeter hohe Konstruktion, als hätte sie zum ersten Mal in ihrem Leben vietnamesischen Kaffee gemacht. Als sie meine durstigen, ungeduldigen Augen sieht, fängt sie an zu singen. Sie hat eine schöne Stimme, und das Lied klingt, als würde eine Mama ihr kleines Kind in den Schlaf wiegen wollen. »Das ist das Tröpfchenlied«, sagt sie. »Es handelt davon, wie lange es dauert, bis der ganze Kaffee in die Tasse gesickert ist. Je fester man das Sieb zudreht, desto langsamer fallen die Tropfen, aber umso intensiver ist am Ende der Geschmack.«

Der Kaffee ist köstlich. Er hat eine leicht ölige Konsistenz, duftet dezent nach Rum und schmeckt ein bisschen nach gerösteten Kakaobohnen. »Hab ich's dir nicht gesagt? Aber ihr Europäer seid ja immer so ungeduldig, und wenn ihr Kaffee wollt, dann jetzt auf der Stelle, mit Hochdruck durch eine riesige Maschine gepresst!« Nguyên Hà Thi Ngoc Trang ist 28 Jahre alt und verdient sich ihren Lebensunterhalt, indem sie ihr Wohnhaus untertags öffnet und für Touristen zugänglich macht. Für ein paar tausend Dong kann man durch ihre Wohngemächer marschieren, sich einen Eindruck von der Bauweise der alten Hoi-An-Häuser machen und bekommt, wenn man Zeit und Geduld mitgebracht hat, am Ende noch einen Kaffee, mit oder ohne Lied.

»Wir leben hier schon seit vielen Generationen. Ich bin sehr stolz darauf, in einem Ancient House zu wohnen. Und deswegen stört es mich auch nicht, etwas mehr Besucher zu haben als andere. Man muss nur aufpassen, dass man sich den Kopf nicht anstößt«, klopft kurz auf ihren Kopf, »zum Glück sind wir alle sehr klein.« Ihr Haus wurde Ende des 18. Jahrhunderts gebaut, sagt sie, nach der Zerstörung Hoi Ans durch die Tây-Son-Rebellion. Ein typisches Röhrenhaus, vier Meter breit, dafür mehr als 60 Meter tief, mit zwei kleinen Innenhöfen, Kopfsteinpflaster, mit Blumen, Bäumen und Brunnen. Der Boden knarrt, das Holz ist speckig, am Boden und an der Decke sind immer wieder Träme und Balken im Weg, die einem eine gewisse Gelenkigkeit abverlangen. Für die Sanierung hat sie von der Regierung einen Sockelbetrag sowie einen zinsfreien Kredit erhalten. Damit soll das Erscheinungsbild der Unesco-geschützten Altstadt, eine Maßschneiderei nach der anderen, vor dem Haus fahren immer wieder Mopeds und kleine Rikschas vorbei, erhalten bleiben.

Wir trinken Kaffee. *Oh, come here, honey! Just have a look what a beautiful china vase that is on the side table! That looks pretty old! Don't you think?* Nguyên rollt sich zusammen wie ein Igel, den man gerade getreten hat, stimmt ein paar leise Töne an, singt ein paar Worte von ihrem Tröpfchenlied. »Das hilft … In solchen Momenten sagt mein Großvater immer: Kind, denk an das Geld und ans Weltkulturerbe!«

Immer wieder Feniks
Warschau

- 1,8 Millionen
- 8 Tage
- Polen

Noch eine Viertelstunde bis Warszawa Centralna. »Wie gesagt, morgen Abend so ab acht werden unsere Freunde langsam eintrudeln, bevor wir dann gemeinsam auf das neue Jahr anstoßen.« Patrycja und Mikołaj sind in der Werbebranche tätig und haben schon überall auf der Welt gelebt, in Berlin, London und Chicago, aber nach all den Jahren, sagen sie, mussten sie sich letztendlich ihrer Sehnsucht beugen. »Mein Gott, es gibt schönere Städte als Warschau! Aber in gewisser Weise ist Warschau die schönste Stadt der Welt. Man muss nur genauer hinschauen.« Es wird immer dunkler, immer betonierter, immer kommunistischer. Der Zug fährt in den unterirdischen Bahnhof ein. »Also, cześć, bis morgen!«

Alle Einwohner ohne Rücksicht auf ihr Alter und Geschlecht sind zu erschießen. Warschau ist dem Erdboden gleichzumachen, sodaß von dieser verdammten Stadt kein Stein auf dem anderen bleibt. Der vernichtende Befehl, den SS-Führer Heinrich Himmler am 5. August 1944 erteilt, wird schwere Folgen haben für diese Stadt. Die Bauten an der Ulica Marszałkowska können den Bränden und Bomben nicht standhalten, geben im Flammeninferno nach, und mit ihnen die hier lebenden Menschen. Die einen achthunderttausend verlassen die Stadt, die anderen achthunderttausend verlieren, vom Terror zermürbt, ihren Willen und ihr Leben. Als die Rote Armee

1945 die Weichsel übersetzt, leben unter den Trümmern Warschaus nicht einmal fünftausend Menschen.

Rynek starego miasta, Altstadtmarkt, das Haus neben dem Restaurant Bazyliszek, bei *P. M.* läuten, haben sie gesagt, hier muss es sein. Von außen wirkt das Haus alt und in die Jahrhunderte gekommen, doch die Treppen quietschen nicht und knarren nicht, und die Wände im Stiegenhaus (der Jazz wird immer lauter) sind aus modernen Ziegeln und glattem Beton. Die Wohnungstür im letzten Stock steht offen. »Willkommen in Disneyland!«, sagt Patrycja und drückt mir ein Glas in die Hand. »Wir sind in Warschau. Das Haus ist eine Rekonstruktion. Es ist nichts so, wie es scheint, und doch ist die Stadt weit mehr als das, was man sieht. Na zdrowie!«

Schließlich kam der Tag, an dem die Sofas zu Brennholz zerhackt wurden, ein verirrtes Geschoß befreite die Briefe aus den Schubladen, ihr Papier verwandelte sich zu Asche, schreibt Magdalena Trulli in ihrem Buch *Sny i kamienie,* Träume und Steine, ohne ihr Warschau darin auch nur ein einziges Mal beim Namen zu nennen. »Schau, das war der Altstadtmarkt, und hier, das war die Marszałkowska, wo heute der Kulturpalast steht.« Patrycja zeigt mir alte Schwarz-Weiß-Fotografien, datiert um die Jahrhundertwende. »Und hier, die alte Eisenbrücke über die Weichsel.« Nach 20, 30 Fotos, gezackter Rand, manche koloriert, andere fast schon ausgeblichen, ich bin Pole, immer noch, fange ich an zu weinen. *Kann man also von dieser federleichten Stadt sagen, von ihren Gebäuden sei kein Stein auf dem anderen geblieben?* »Jetzt weißt du, was ich meine«, sagt Patrycja. »Warschau ist wie ein Feniks, der aus der Asche steigt, immer und immer wieder.« *Deshalb sind die Räume, die sich in den Köpfen ausdehnen, weitläufiger als alles, was man sich ausmalen kann.* »Prosit Neujahr!«

Ein Shtikl vom Shtetl
New York

- ♀ 8,9 Millionen
- ⟳ 3 Monate
- ♀ New York, USA

This is Hewes Street. Transfer is available to the J and Z trains. Ich muss aussteigen, nehme die Stufen hinunter zum Brooklyn Broadway, biege rechts in die Hewes Street hinein. Links, Richtung Norden, wäre es zu den Hipstern und Hispanics gegangen, zu den Menschen aus der Welt der Kunst und jenen aus Puerto Rico. Doch ich bin hierher gekommen, um nach Süden zu wandern, ins südliche Williamsburg, in die Hoyfn der ultra-orthodoxen Satmar-Juden, respektive nach Osten, nach Satu Mare, Groys-Karol und Debrecen. Nach ein paar Metern schon werden die Häuser stiller, die Kinder vielzahliger, die Röcke, Blusen, Mäntel tunklbloyer und shvartser. Mit jedem Schritt, den ich zurücklege, habe ich das Gefühl, die Uhr um ein paar Monate zurückzudrehen. Am übernächsten Straßeneck bereits, an der Kreuzung zur Marcy Avenue, bin ich in den Fünfzigerjahren.

Bisweilen streift ein junger, ganz in Schwarz gekleideter Mann die Marcy Avenue hinauf in Richtung der Satmar-Synagoge auf der Rodney Street, schreibt Deborah Feldman in ihrem Buch *Unorthodox*, in dem sie, nach fast 23 Jahren in Williamsburg, mit der chassidischen Gemeinde abrechnet. *Seine Hände zwirbeln durch die Pejes, die dicht an seinen Wangen baumeln, und halten sie so in festen Spiralen gelockt. Die älteren Männer tragen ihre Pejes eng um ihre Ohren gewunden und nutzen ihre Hände stattdes-*

sen, ihre wuchernden Bärte nach unten zu streichen, auch
wenn sie aufgebläht sind wie Flaggen im Wind. Sie alle
gehen schnell, gesenkten Kopfs.

Noch einmal zweihundert Meter nach Süden, noch
einmal tsen Yar tsurik in der Tseyt. Die Lee Avenue,
eine breite, geschäftige Straße mit Gesheften, Apteyken
und Fleysherayn, iz ful fun Mentshn, die Buben und die
Männer auf der einen Straßenseite, die Meydlech und
die Froyen aoyf di andere. Ich bin ganz offensichtlich
auf dem falschen Trotuar, innerer Konflikt, abgewandte
Blicke. Es wird Jiddisch gesprochen, so viel wie nirgendwo sonst auf der Welt, und wenn nicht just der gelbe
Shuloytobus vorbeigefahren wäre, würde ich mich in irgendeinem Shtetl in Galizien wähnen. Oneg's Heimishe
Bekeray, ich mache die Tür auf, gute Morgn, es kumt
gornisht tsurik, es riecht nach Mohn und Germ, ich bestelle einen Rugl und ein Povidl-Shtikl.

*Die Straßen sind voll, überfüllt mit Schulmädchen in
Faltenröcken*, schreibt Feldman. *In meiner Eile stoße ich
beinahe mit einem Mann zusammen, der aus der anderen Richtung kommt und Gebete in sich hineinmurmelt,
während seine Schläfenlocken hin- und herwippen*. Die
Männer tragen vayse Strümpfe, shvartse, zugeknöpfte
Rekl und große, ausladende Pelzrotunden, sogenannte
Shtreymel. Die Frauen hingegen, tunklbloy bewestet und
tunklbloy bejackt, verhüllen ihre glattrasierten Köpfe mit
braunen und brünetten Kunsthaarperücken, mit Shey-
teln von der Sheytelmacherin, und schieben Kinderwagen vor sich her. Ich habe mich in Ort und Zeit verloren,
stoße fast mit einer alten Bobe zusammen, entschuldige
mich, doch die schweigt nur und schaut zu Boden. *Lebn
iz gornisht ober a khlum, ober ton nit vekn mir aroyf*, besagt ein jiddisches Sprichwort. Das Leben ist nichts als
ein Traum. Aber untersteh dich, mich zu wecken!

Mit der Entfernung wächst die Stille
Mindelo

♟ 79000
🕐 4 Tage
📍 Kap Verde

'M morá perto di mar, perto di mar cu ceu. Longe di boca dess mundo, na ess silencio mi cu nha cretcheu. Mar bem contá-me ess bô distino,'sim c'ma meu, nôs vida é rolá n'areia, sô ta braçá sô ta beja bô cretcheu. »Ist das nicht ein wunderschöner Songtext?« Odette sitzt draußen auf dem Balkon, im fünften Stock ihres Apartmentblocks Copa Cabana, Puderdose in der einen, Löffelpudding in der anderen Hand. Copa Cabana, denke ich mir, was für ein Name, Sand und Meer und Schiffe, und irgendwo da hinten, da bin ich mir ziemlich sicher, ist Rio.

»Ganz nah am Meer, ganz nah am Himmel, und weit, weit weg vom Nabel der Welt. Und weißt du, Cesária Évora hat absolut recht mit ihrem Lied. Mit der Entfernung wächst die Stille, und alles, was uns bleibt, ist, das Meer zu küssen, zu umarmen, sich ihm hinzugeben. Ich liebe das Meer. Möchtest du noch etwas essen, bevor wir gehen?« Odette hat sich in Schale geworfen. Schwarzes Paillettentop, Chiffonhose, große Ohrringe. Das macht sie immer, sagt sie, wenn sie in die Casa da Morna geht. Das Lokal liegt in der Avenida Marginal, zweiter Stock, Blick auf die Hafenpromenade. Heute Abend singen und spielen ihre beiden Lieblinge: Djodje Lopes und Tito Paris. Dschodsche. Parisch. Musik.

Morna, das klingt wie eine melancholische Mischung aus französischem Chanson und portugiesischem Fado, vielleicht nicht ganz so mollig und nicht ganz so suizidös. Die Texte handeln von Sehnsucht, von Heimweh, von Verlangen. Und sie erzählen vom langen Marsch der Menschen aus Angola, Gabun und São Tomé und Príncipe über den Sklavenumschlagplatz Kap Verde auf dem Weg in die amerikanische Welt. *Quem mostra' bo ess caminho longe? Ess caminho pa São Tomé*, singt Cesária Évora, die Morna-Göttin, in ihrem vielleicht berühmtesten Lied *Sodade*. Und dann geht das Licht aus. Auftritt. Applaus.

»Habe ich dir eigentlich schon mal gesagt, dass ich das Meer liebe? Und darüber hinaus, und das schreibst du bitte in dein Buch über die Städte, an dem du gerade arbeitest, liebe ich Mindelo. Es ist nämlich so: Praia mag zwar die politische Hauptstadt sein, und auch die größte Stadt auf den Inseln, aber Mindelo … das ist die Hauptstadt unserer Seele.« Nirgendwo gibt es so viele Morna-Lokale wie hier. Und Apotheken. Und nirgendwo auf ganz Kap Verde gibt es so viel Cesária. Im Palácio do Povo, sehr pink und sehr weiß, so wundersüß geformt wie eine Hochzeitstorte, ist eine Dauerausstellung über die barfüßige Diva zu sehen. »Bitte kommen Sie! Treten Sie herein!«, sagt der Portier. »Das müssen Sie sehen! Das ist jene Frau, der wir zu verdanken haben, dass die Welt heute überhaupt weiß, dass es Kap Verde gibt. Ihr und dem Fußball.« Kap Verde gegen São Tomé und Príncipe, 7:1 am 13. Juni 2015.

Auf der Avenida 12 de Setembro, vorbei am Fußballplatz Campo de Bela Vista, hinauf auf den Monte Verde. Auf knapp 700 Meter Höhe, nichts als Steine und Meer rundherum, wird es eisig kalt, der Wind peitscht gegen die Felsen, die eigene Stimme löst sich fast in Luft auf. Odette schreit mir ins Ohr: »Hörst du das? Das ist Morna!«

Die Hand des Präsidenten

Astana

- 👤 875 000
- 🕐 4 Tage
- 📍 Kasachstan

»Kommen Sie! Kommen Sie!« Die Hostess nimmt mich am Arm und begleitet mich zum smaragdgrünen Marmortisch. Ihr Lächeln hat etwas professionell Einstudiertes, ihre Stimme etwas Stolzes, Staatstragendes. »Geben Sie unserem Präsidenten die Hand!« In der Mitte des Tisches liegt ein massiver Sockel aus Sterling-Silber, darauf ein zwei Kilogramm schwerer, in Gold gegossener Negativabdruck von Nursultan Nasarbajews fetter Präsidentenhand. Ich ekle mich davor, meine Hand in seinen Schatten hineinzulegen.

»Jetzt machen Sie schon! Sie müssen Ihre Hand in die Mulde legen!« Der Tonfall wird härter und bestimmter. Nein … Ich will nicht! Ich will nicht! Ich will nicht! Ich weigere mich, mich an diesem Gehirnwäsche-Programm zu beteiligen. Ich drehe mich um, schaue in die lange, sich schon seit einer halben Stunde formierende Menschenschlange, eine Schlange aus Kindern, Eltern, Großeltern, blicke in aufgeregte, ungeduldige Gesichter, die es kaum erwarten können, ihrem Führer die Ehre zu erweisen, und es bricht mir in diesem niemals endenden Moment das Herz, mitansehen zu müssen, wie politische Macht den Menschen zu manipulieren und sich ihn untertan zu machen weiß. Alle Blicke sind auf mich gerichtet. Der freundlichen Hostess gefriert das Lächeln. Es wird still in der gläsernen Kugel des Bayterek-Towers.

Astana ist der feuchte Traum eines seit Ewigkeiten im Amt stehenden Technokraten. Einst war Aqmola, Akmolinsk, Zelinograd eine Kleinstadt inmitten der kasachischen Steppe. 1997 jedoch beschloss Nursultan Nasarbajew, die Hauptstadt hierher zu verlegen und das beschauliche Sowjetstädtchen mit seinen Plattenbauten zu einer anständigen Kapitale auszubauen. Der britische Architekt Sir Norman Foster hat ihm dabei geholfen, mit einer Friedenspyramide, die in ihrem Inneren aussieht wie das Headquarter eines James-Bond-Bösewichts, und mit Khan Shatyr, einem 150 Meter hohen Festzelt mit Shopping und Entertainment, mit Armani, Calvin Klein und Pierre Cardin, mit Kino, Geisterbahn und Sky Beach Club im letzten Stock, mit heißem Wasser und Sand von den Malediven. Der Eintritt kostet 15 000 Tenge, knapp 40 Euro. Ein Fluchtreflex, zum zweiten Mal heute.

Astana ist noch lange nicht fertig. Die größte Baustelle liegt im Osten der Stadt, links und rechts des Millenium Bulvar, der das neue Kongress- und Museumsviertel mit dem kürzlich eröffneten Hauptbahnhof Nurly Zhol verbindet. Die Fahrbahnen sind fertig asphaltiert, die Zebrastreifen aufgemalt, die Mistkübel, Verkehrszeichen und Eisengeländer in den Boden gerammt. Hinter dem Bauzaun, ich klettere den Erdhügel hinauf, eröffnet sich plötzlich ein Panorama an alten Häusern, Datschen und Bauernhöfen, an gespannten Wäscheleinen und zugewucherten Obst- und Gemüsefeldern. Die Bagger und Planierraupen stehen bereits in den Startlöchern, sie harren ihres Befehls, die Geschichte niederzureißen und die Zukunft neu zu schreiben. *Zhongguo jianzhu*, chinesische Architektur, chinesisches Bauunternehmen, steht auf dem Tor. Ich mache ein Foto, ein Mann schreit mich an, hetzt den Hügel hinauf, mir hinterher, ich muss, schon wieder, weglaufen, schnell weg von hier.

Wer hat Angst vor Saint John?
San Juan

- 425 000
- 1 Woche
- Puerto Rico

Im Innenhof in der Calle Fortaleza 56, nur wenige Schritte von den Trampelpfaden der Touristen entfernt, hat Nydia gerade ihren Auftritt. Sie trägt ein blau-gelbes Leinenkleid, so bunt wie die Stadt, über den Schultern einen weißen Schal, und dreht sich mit einer Hüfteuphorie, der man kaum noch widerstehen kann, zu den Klängen der beiden Trommler. Der Patio ist voll von jungen Puertoricanern, summend, singend, wippend im Takt. Die Luft vibriert.

»Gut, dass du da bist! Und gut, dass du dir was zum Schreiben mitgenommen hast«, schreit mir Javier ins Ohr, »denn das sind keine Trommeln, sondern Barilles, alte Barrique-Fässer, die mit Ziegenhaut bespannt werden. Kannst du dir das bitte notieren? Danke!« Javier Santiago hat früher als freischaffender Kulturjournalist gearbeitet und Kritiken für die eine oder andere Zeitung geschrieben, heute ist er Direktor der Fundación Nacional para la Cultura Popular, ein strenger Direktor, und bemüht sich seit fast 20 Jahren um die Bewahrung alter puertoricanischer Populärkultur. Dazu gehören auch Tanz und Musik. »Das, was Nydia hier tanzt, nennt sich Bomba. Das ist eine Art Dialog zwischen dem Körper und den Barilles. Die Hüften reagieren auf die Musik, die Musik wiederum antwortet auf die Hüften. Es ist ein permanentes Geben und Nehmen.«

194

Als er 1996 seine Stiftung gründete, erzählt Javier, galt Bomba, eine Mischung aus Afro und karibischem Taíno, als altmodisch und konservativ. Die wenigen Platten, die man auf dem Markt finden konnte, waren für zwei, drei Dollar zu haben. Heute ist das anders. Mit seinen Kollegen im Büro in der Altstadt von San Juan, einem roten Kolonialhaus am Ende der Insel, die CDs und Schallplatten türmen sich bis zum Plafond, veranstaltet er regelmäßig Lesungen, Vorträge und Konzerte. In der Pause gibt's Rum und Kroketten. »Es sind vor allem die jungen Puertoricaner, die zu uns kommen«, sagt er. »Scheinbar sind viele auf der Suche nach ihren Wurzeln.«

Die Ciudad vieja, Tempolimit 5 km/h, ist ein dicht bebautes Plateau am Ende der kleinen Altstadtinsel, mit engen Gassen, gelb markierten Gehsteigen und weißen, beigen, pinken, himmelblauen, mintgrünen, pfirsich- und lavendelfarbenen Häusern mit Holzbalkonen und gusseisernen Laternen. San Juan ist wie ein ein fröhliches, bunt bepinseltes Mini-Havanna. Doch so fröhlich ist auch hier nicht alles. Aus den Fenstern und von den Balkonen hängen mal *Stars and Stripes*, mal *Estrellas y Rayas*, ein rot-weiß-blauer Flaggenkrieg ist entfacht. »In gewisser Weise sind wir jetzt schon der 51. Bundesstaat der USA«, sagt Nancheska Hornedo. »Aber das Letzte, was ich will, ist, dass Puerto Rico ganz offiziell ein Teil der Estados Unidos wird, vor allem jetzt, nach dem positiven Referendum im letzten Jahr. Ich mache mir echt Sorgen.« Die 21-Jährige arbeitet im Café Berlin auf der Plaza Colón. Sie drückt mir die Speisekarte in die Hand. »Da, schau! Wir servieren Lechón, so heißt das gegrillte Milchferkel bei uns, Chili-Blutwurst, Maniok und frittierte Kochbananen. Ich will, dass San Juan mein San Juan bleibt. Und ich habe echt keine Lust, dass wir eine dumpfbackige Burger- und Sandwich-Nation werden.«

Kapuseru Niyusenchiyuri
Tokio

- 37,5 Millionen
- 1 Woche
- Japan

Schritte. Stöhnen. Schnarchen. Irgendjemandem ist gerade etwas runtergefallen. Links von mir schaut jemand fern, eine bescheuerte Gameshow, in der alle lachen und hysterisch schreien. Und der über mir, so klingt es jedenfalls, holt sich gerade einen runter. Nach drei Minuten ist auch schon wieder alles vorbei. Das ist also meine Schlafstatt für die Nacht. Einen Meter breit, einen Meter hoch, und gerade mal so lang, dass meine bloßen Füße vom Vorhang gekitzelt werden. Rechts eine kleine Ablage, darüber ein Radio mit eingebautem Wecker, rechts oben hängt ein kleiner Fernseher herab, alles fließt ineinander über wie in einem schlechten Plastik-Science-Fiction-Film aus den Siebzigerjahren, über mir ein kleiner Ventilator, daneben eine eingegitterte Glühbirne, links ein runder Spiegel. Ich schaue ziemlich fertig aus.

Das erste Kapselhotel wurde 1979 in Oasaka eröffnet. Seitdem ist die Übernachtung in der kleinen Fiberglaszelle in ganz Nippon eine billige Alternative zum Hotel. Zu den Gästen zählen all jene, die ihre letzte U-Bahn versäumt haben oder nicht mehr in der Lage sind, mit dem Auto nach Hause zu fahren: Betrunkene, Karaokestars, Geschäftsleute. Meine Kapsel, Capsule Inn Akihabara, hat die Nummer 371, kleine Leiter, obere Etage, und wann auch immer ein Mann im hellgrünen Einheitspyjama vorbeigeht, überlege ich mir, in welche der drei Kategorien er fallen könnte. Die Business-Männer amüsieren mich am meisten. Sie betreten das Kapuseru Hoteru in weißem Hemd und voller Würde, nur um wenige Minuten später in Wickelhemd und kurzer Hose, auf der Brust und am linken Oberschenkel groß die Schriftzeichen für *Kapuseru Niyusenchiyuri,* Capsule New Century, durch die mit Teppich ausgelegten Korridore zu schlurfen. Ich sehe Bill Murray vor mir, *Lost in Translation.*

»Hai! Konnichi wa!« Eine Verbeugung. Konnichi wa! Das Capsule Inn Akihabara, eines der ältesten in Tokio, und das, obwohl es mit dem neuen Jahrhundert wirbt, ist wie eine Stadt in der Stadt. Die Infrastruktur dieses nächtlichen Mikrokosmos ist bis ins letzte Detail durchgeplant, der genaue Tätigkeitsablauf wie eine Choreografie festgelegt. Tür auf, Schuhe ausziehen, Schuhe in ein Schuhsperrfach stellen, Plastikverpackung aufreißen, Hausschuhe anziehen, Schlüssel abziehen, Schlüssel an der Rezeption abgeben, einchecken, bezahlen, Spindschlüssel gegen Kaution entgegennehmen, nicken, bedanken, ins Untergeschoß gehen, Spind suchen, sich umziehen, die gesamte Kleidung bis auf die Schuhe, die bereits im Erdgeschoß versperrt sind, im Spind verstauen, Wertgegenstände dazulegen, und schließlich den Pyjama anziehen, den mit Wickelhemd und kurzer Hose.

Im Keller gibt es einen Dusch- und Saunabereich, neben den Waschbecken liegen Ohrenstäbchen, diverse Cremetuben und verpackte Zahnbürsten mit Zahnpastatrockenpulver zwischen den Borsten, im Erdgeschoß stehen Automaten mit Tee, Kaffee und kalten Getränken, mit heißen Nudelsuppen, Unterhosen, Socken, Krawatten und weißen, gebügelten Hemden in allen Größen. Der adrette Auftritt am nächsten Tag, der die nächtliche Massenkasernierung kaschiert, liegt in den Vitrinen vorportioniert wie ein perfektes Maki.

Stadt der Frauen
Juchitán de Zaragoza

👤 78 000
🕐 1 Tag
📍 Mexiko

¡Miguel, otra cerveza, por favor, gracias! »Was hast du mich noch einmal gefragt, mi amor? Ob wir hier in Juchitán ein Matriarchat sind? Ach was! Nein, so würde ich das nicht formulieren. Nein, wir freuen uns einfach nur jedes Mal, wenn ein Mädchen zur Welt kommt. Dann feiern wir. Und wie wir feiern! Die Feste sind uns sehr wichtig.« Und dann führt die dicke Idalia ihre Würstchenfinger zum Mund, zwinkert mir zu und macht eine Handbewegung, als würde sie flüstern. »Und natürlich die Männer. Mein Miguel jedenfalls ist der Beste.« *Stimmt's, mi amor? Du bist der Beste, nicht wahr?* Miguel bringt eine Flasche Bier und nickt.

Ausgerechnet in Mexiko, dem Land des Machismo, gibt es eine Gegend, in der scheinbar alte matriarchalische Strukturen überlebt haben, schreibt die österreichische Soziologin Veronika Bennholdt-Thomsen in ihrem 1994 erschienenen Buch *Juchitán. Stadt der Frauen*, mit dem sie die zapotekische Kleinstadt, nur wenige Kilometer von der pazifischen Küste entfernt, mit einem Schlag weltberühmt gemacht hat. *Die Frauen von Juchitán verfügen über das Geld, ihnen gehören die Häuser, sie haben Kinder von unterschiedlichen Vätern, sie sind Händlerinnen und Produzentinnen, sie reisen seit Jahrhunderten mit ihren Waren über Land, sie bestimmen die Feste und Tänze, und sie bewahren die Tradition.*

Idalia trägt ein buntes, ein ziemlich buntes Kleid mit dunkelroten Blüten, violetten Rosenblättern und üppig ornamentierten Brokatstreifen auf der Brust, im Haar ein rosarotes, vorne an der Stirn zusammengebundenes Tuch, und an ihren Ohren goldene Klunker, die die fleischigen Ohrläppchen tief in die Länge ziehen. Wir gehen hinüber zum Mercado 5 de Septiembre, einer hässlichen, rot und gelb gestrichenen Betonhalle, wo sie mich einer Freundin vorstellen möchte. Was war am 5. September? »Am 5. September? Da haben wir gefeiert. Wahrscheinlich ist ein Mädchen zur Welt gekommen!«

Wir gehen ein paar Blocks. Die Partychronik, denke ich mir, scheint sich in der ganzen Stadt niedergeschlagen zu haben. Die Straßen, Plätze, Parkanlagen, Stadtviertel und öffentlichen Gebäude heißen 25. Jänner, 1. Februar, 22. Februar, 24. Februar, 21. März, 2. April, 1. Mai, 3. Mai, 5. Mai, 10. Mai, 11. Juli, 5. September, 15. September, 16. September, 30. Oktober, 2. November, 7. November, 20. November und 13. Dezember. Und was bitteschön war im Juni? Und im August? Keine Mädchen? Ich bin dem Datumswahnsinn verfallen, kann gar nicht mehr aufhören, die Straßenschilder zu fotografieren. Und die Frauen, diese Wucht an Frauen in der Stadt der Frauen. Da hätte sogar Fellini kapituliert.

»Was? So viel haben wir gefeiert? Wird schon einen Grund gehabt haben. Schau dich doch mal um!« Idalia lacht, ihr mächtiges Doppelkinn vibriert mit jeder prustenden Silbe. Auf dem Markt sieht man fast nur Frauen, große, dicke Frauen in großen, bunten Kleidern. Und Muxes, große, schwule Männer in Frauenkleidern. Und Marimachas, große, lesbische Frauen in Männeranziehsachen. Bloß die männlichen Männer, die kleinen, ranken, schlanken Mannesmänner, die fallen in Juchitán kaum ins Gewicht.

Systembruchstadt
Phnom Penh

- 👤 1,7 Millionen
- ◗ 5 Tage
- 📍 Kambodscha

Szene 1: »Aroun Suosdey! Ich hoffe, Sie hatten eine angenehme Nacht. Hatten Sie doch hoffentlich, oder?« Der Rezeptionist ist ein Frechdachs und lächelt wie in der Zahnpasta-Werbung. Ja, die Nacht war wunderbar. Aber das Frühstück, das war um acht Uhr morgens bereits aufgegessen. Der Kaffee war aus, das Ham and Eggs aufgegessen, die Suppe bis auf den letzten Tropfen ausgeschöpft. »Das tut mir leid zu hören, Sir. Dürfen wir uns erkenntlich zeigen und diesen Umstand in Form einer Kompensation für Sie wiedergutmachen?« Ja, gerne! Am Abend betrete ich das Zimmer. Das Baumwollsofa wurde gegen eine Ledergarnitur ausgetauscht.

Szene 2: »Oh, schöne Haare!« Und dann greift Rangsey in den Scheitel und wuschelt mir den Kopf durcheinander. »Hmmm … Na ja, fast so schön wie die von uns Asiaten. Ich verstehe, dass du hergekommen bist. Hätte ich auch gemacht an deiner Stelle. Einmal Schneiden und einmal Gel? Das macht dann 20 000 Riel. Okay?« Rangsey greift zur Schere, spielt mit meinen Haaren, sein Gesichtsausdruck wird immer finsterer, er schüttelt den Kopf und schnauft. Und dann schreit er irgendwas in die Küche. Eine Minute später liegt mein Kopf im Waschbecken, neben mir ein Hackbeil, ein Holzbrett mit Chilischoten, Zitronengras und Koriander, daneben eine aufgerissene Packung Reisnudeln. »Hungry?«

Szene 3: Der Russische Markt, besser bekannt unter dem Namen Psar Tuol Tom Pong, an der Ecke 155. und 440. Straße, ist ein Chaos aus Handtaschen, Kunsthandwerk und falschen Antiquitäten. Man kann sich aber auch falsche Zähne machen lassen. Ein blaues Leuchtschild mit weißem Zahn: *Dental Clinic Be Smile!* Und dann ein Pfeil nach rechts. In den umliegenden Straßen gibt es Geschäfte, die Werkzeuge, Betonmaschinen, Baugerüste, Koffer, Taschen, Rucksäcke, Gasherde, Kühlschränke, Seidenstoffe und vakuumverpackte, vierzylindrige Traktormotoren verkaufen. Am Straßeneck steht ein Verkäufer und versucht, mich in seinen Laden zu locken. »Tools, gas engines, concrete mixers!«

Szene 4: Vom ersten Tag an wurde Phnom Penh in einem mehr oder weniger regelmäßigen Schachbrettraster angelegt. Die Orientierung wäre im Grunde genommen also sehr einfach. Umso mehr, als der Großteil der Straßen von 1 bis 644 und von 1 000 bis 2 025 durchnummeriert ist. Ich steige am Russischen Markt ins Tuktuk, möchte von der 155. zur 148. Straße gebracht werden, eine Restaurant-Empfehlung vom schnittigen Rangsey. Der Tuktuk-Fahrer ist entsetzt. »Oh Sir, das wird lange dauern, das ist am anderen Ende der Stadt!« Die Straßen in Phnom Penh sind zwar chronologisch durchnummeriert, aber die Chronologie bezieht sich hier nicht auf die Geometrie des Straßenrasters, sondern einzig auf den Zeitpunkt der Straßengründung.

Phnom Penh, die Stadt am Zusammenfluss von Tonle Sap und Mekong und zugleich an der Flussteilung in Mekong und Bassac, ist eine Hymne an den Systembruch. Die Stadt der Khmer hat das Chaos zum Ordnungsprinzip erklärt. Dann wundert man sich auch nicht mehr, wenn der Tuktuk-Fahrer voller Stolz sagt: »Oh, Royal Palace, Sir, I know where that is.«

Shadow of decay
Detroit

- 680 000
- 4 Tage
- Michigan, USA

»Hey, Brother«, sagt Darryl Howard, Latzhose, Woll-
mütze, Erde unter den Fingernägeln. Hey! Darryl kommt
frisch von der Arbeit, die Mittagspause hat gerade an-
gefangen. »Hunger? Es gibt Rübensuppe, Sandwich und
Salat. Komm rein in unsere kleine Welt, Brother!« Darryl
leitet einen selbstfinanzierten Verein, *Earthworks Urban
Farm and Soup Kitchen* in der 1264 Meldrum Street, den
er vor 20 Jahren gegründet hat und der mittlerweile sieben Farmen in ganz Detroit umfasst. Er kümmert sich
um den Anbau von Obst und Gemüse, bietet Kochkurse
für Jugendliche und Erwachsene an und bittet Hungrige
und Bedürftige Tag für Tag zum Mittagstisch, kostenlos,
Spenden sind willkommen. Und die gelbe Rübensuppe,
die schmeckt köstlich, das Beste, was ich seit Tagen gegessen habe.

»Ja, ich weiß, bei euch in Europa, in London, Paris
und Berlin, gibt's diesen Trend auch. Doch hier in Detroit
ist Urban Farming weder chic, noch legen wir Wert darauf, dass alles bio und organic ist. Es geht schlicht und
einfach darum, dass wir satt werden und überleben.«
Detroit, sagt er, ist eine sogenannte Food Desert. Mehr
als 75 Prozent aller Menschen haben keinen Supermarkt,
keinen Laden, keinen Markt in ihrer Nähe. Sie sind auf
Eingeschweißtes und Tiefgefrorenes angewiesen, kaufen ihr Mittagessen bei Exxon, Texaco, Citgo, Shell oder

Mobil, die es hier an jedem Straßeneck gibt, immer noch, auch heute noch, viele traurige Jahre nach dem Börsensturz von Henry Ford und General Motors. Oder sie kommen zu Darryl.

Find me in the suburbs, and the shadow of decay, rolling rings of rubber, and the band begins to play, singt Anthony Kiedis, selbst in Michigan geboren, von den Red Hot Chili Peppers in seinem Song *Detroit*. Ein paar Straßenblocks weiter liegen Islandview, Indian Village und McDougall Hunt. Wie eine abstrakte, karierte Matrix liegen die asphaltierten Straßen über dem grünen Teppich, die Häuser längst abgefackelt, abgerissen, eingestürzt. Keine Menschenseele weit und breit. Nur ab und zu ein Vogelgezwitscher, ein Grillengezirpe, ein plötzlich unheimliches Rascheln im Gebüsch. Detroit, höre ich mich sagen, was für ein Großstadtdschungel! »Doch genau das ist unsere große Chance«, sagt Darryl. »Ohne die vielen leerstehenden Grundstücke wären wir längst verhungert.«

The Stooges and J Dilla, yeah, they tore this town apart, put me back together, well, I guess, that's quite an art. Ein voll automatisierter Skytrain, der die Downtown ohne einen einzigen Menschen an Bord umkreist, vorbei an leeren Parkplätzen und zugenagelten Burger Kings und Dunkin' Donuts. *Time don't stand a chance against this motor madness.* Eine Wüste ohne Anfang, ohne Ende, die Ampeln stumm und verhangen, ein kaputter Kinderwagen auf der Straße. *Can you see the rising of old yesterday's remains?* Michigan Central Station, der alte Bahnhof in der 15. Straße, seit fast 30 Jahren steht das Geisterschloss leer. *Say nice things about Detroit,* und dann ein Herzchen als i-Punkt, ist an eine weiße Ziegelwand gesprayt. *Everything's so hazy, I'm like Detroit, I'm crazy. I'm like Detroit, I'm crazy, everything's so hazy.*

Edward von Vauxhall

London

- 👤 10,8 Millionen
- 🕐 1 Woche
- 📍 Großbritannien

Auf der Wiese hinter dem Zaun grasen Ziegenböcke, Lamas und Schafe. Zwei Pferde, sie heißen Billy and Blossom, spazieren im Kreis. Ein grunzendes Schwein, Edward, liegt in der Abenddämmerung. Die Vauxhall City Farm, 300 Meter hinter dem MI6 Building, dem Secret Intelligence Service, in dem James Bond 007 regelmäßig M einen Besuch abstattet, ist eine Ausnahmeerscheinung im Großstadtmoloch London. Es riecht nach Glück und Gülle. »Das hättest du dir nicht gedacht, oder?«, fragt mich Michelle. Ich wette, sie sieht mir an, wie ich nach ein paar Tagen London förmlich ausgehungert bin nach einer natürlichen, bodenständigen Begegnung mit einem anderen Lebewesen. »Natürlich kannst du Edward streicheln«, sagt sie. »Wer braucht schon eine Farm in der Stadt! Der Kontakt … das ist doch der wahre Grund, warum alle hierher kommen.«

Schräg vis-à-vis liegt die Saint Peter's Church, ein neugotischer Backsteinbau mit einem winzigen Türmchen auf der Seite, 1863 von John Loughborough Pearson errichtet, aus dem Inneren dringen Bass und Trommelwirbel, lautes Gestöhne und Geschrei. Die schwarze Holztür, Nieten und schweres Geschmeide, ist leicht angelehnt, darauf ein mit Klebeband befestigter Zettel, *5 Rhythms Thursday class*, ich kann nicht widerstehen, stoße die Tür vorsichtig auf, die Musik wird lauter, und im Hauptschiff, wo vor ein paar Tagen noch gebetet, vielleicht sogar geheiratet wurde, schütteln sich dreißig, vierzig, fünfzig Männer und Frauen die Seele aus dem Leib.

»First time here?« Christian, der hagere, lockenköpfige Mann hinter dem DJ-Pult, ein Blick wie Wallace and Gromit, deutet zuerst auf die Garderobe, dann auf den von Holzbänken und Betschemeln befreiten Dancefloor. »Just take off your shoes and join us!« Der eine stöhnt, die andere kreischt, einer hüpft im Kreis herum, eine andere liegt am Boden, rollt sich zusammen wie ein kleines Kind, vorne am Altar steht ein Pärchen, Händchen haltend, er schaut aus wie die Kelly Family, sie wie Sinéad O'Connor, der Bass wummert durch den Körper, 180 Beats pro Minute, ich schaue nach oben, schönes Rippengewölbe, Mister Pearson, und schmeiße meine Arme in den Himmel … Woodstock!

»Feel your body, feel the music, feel the rhythm in your veins, just breath, just be, just be …«, haucht Christian ins Mikrofon. Meine Füße sind kalt vom Steinboden, der Rest ist nass und durchgeschwitzt. Nach 90 Minuten ist alles vorbei. Die Leute klatschen, nehmen einen Schluck Wasser, trocknen sich ab und tauschen Umarmungen aus. »Ich habe dich noch nie gesehen hier«, sagt einer der Tänzer zu mir. »Und? Wie hat's dir gefallen?« Wir unterhalten uns kurz über 5 Rhythms, über das schräge Ethnoviertel Vauxhall, über die sich erstaunlicherweise noch immer im Pfarrbetrieb befindliche Saint Peter's Church. »Weißt du, London ist ein toller und inspirierender Ort, aber zugleich ist es so leicht, sich in diesem toughen Business zu vergessen und den Kontakt zu sich selbst zu verlieren. Einmal pro Woche muss ich hierher kommen, mich erden und mich ungeniert am Boden wälzen.« Ich muss an Edward denken. In Vauxhall ist das kalte London ein Stück menschlicher und schweinischer.

Schnelle Zärtlichkeiten (118 Grad)

Moskau

- 12,3 Millionen
- 2 Wochen
- Russland

Ein Blink, die Lifttür öffnet sich, und vor mir liegt ein hundert Meter langer Korridor mit braunem Teppichboden und 25 Watt starken Lichtappliken an der Wand. Achter Stock, den langen Gang ganz nach hinten und dann rechts, hat sie gesagt. Es ist nicht leicht, die Orientierung zu finden in diesem Haus, fast 3 200 Zimmer, so gigantisch dimensioniert wie die ganze Stadt, wie die achtspurigen Chausseen, wie die überirdisch schön gestalteten Metrostationen unter der Erde. Und plötzlich eine Attacke aus dem Nichts. »Vashe bronirovanje, pazhalsta!« Links, in diesem kleinen Kammerl, vielleicht einen Quadratmeter groß, Holztür mit Fensterchen, eine Leselampe, ich muss an eine Medikamentenausgabestation in einem Hochsicherheitsgefängnis denken, sitzt meine Zimmersouffleuse, eine dicke Frau mit Lippenstift, blauviolettem Lidschatten und blauviolettem Haushaltskittel, in der Hand eine Zigarette, und fragt mich nach meiner Buchungsbestätigung. Ein Stempel, eine Unterschrift, ein Hackerl auf ihrer Liste. »Do konca, a vpravo!« Nach hinten und dann rechts.

Das Hotel Rossija, 1967 eröffnet, ums Eck vom Kreml, ist die Verräumlichung von Glasnost und Perestrojka. Ein winziges Zimmer, Blick in den Innenhof, mit braunem Teppichboden, dunklen Holzmöbeln, hochglanzlackiert, rot schimmernden Polyestervorhängen, einem

Bettüberwurf aus beigem Samt, geendelt und gekordelt, zwei Fauteuils, auf denen Breschnew schon gesessen ist, und einem kleinen Tisch, darauf ein gläserner Aschenbecher und zwei auf den Kopf gestellte Wassergläser. Das Telefon läutet. »Privjet! Rezeption. Sie wünschen Dame für Nacht?« Kalter Krieg, kalter Schweiß, ich bin überfordert mit dieser Frage, weiß nicht, was ich antworten soll, lege wieder auf. Es läutet noch einmal. »Gospodin Tshaja? Oder nur Stunde?«

Ich mache mich auf den Weg zum Prospekt Mira, drei Metrostationen von hier entfernt, und dann noch einen halben Kilometer Richtung Norden. In einer kleinen Seitengasse liegt die Rzhjevska Banja, eines der ältesten Saunabäder Moskaus. 500 Rubel kostet der Eintritt. Ich bekomme ein Handtuch, eine eingepackte Seife und einen Filzhut mit Ohrenklappen. Den braucht man, damit die Ohren nicht verbrennen. *Es ist das Wechselbad aus heißer, sehr heißer, viel zu heißer Luft, dieser Höhepunkt des Glücks, den nur eine russische Banja hervorrufen kann*, schreibt Thomas Fasbender in seinem Buch *Freiheit statt Demokratie. Russlands Weg und die Illusion des Westens*. Ein Mann, große Hände, schlägt mich mit Weniki, getrockneten Birkenzweigen. Das Thermometer zeigt 118 Grad. Moskau tut mir weh. *Nackt auf gehobelten Brettern liegend, brennend heiße, dampfgeschwängerte Luft auf der Haut, der Kampf mit dem wohligen Schmerz.*

Draußen vor der Saunakabine. Brauner Gummiboden, kaltes Neonlicht, Holzkabinen wie in der Transsibirischen Eisenbahn. Aus einer der Kabinen dringen leise Schreie und Stöße. In einer anderen Kabine sitzt eine dicke Frau, weißer Kittel, Zigarette in der Hand. In der großen Stadt, denke ich mir, sehnen sich die Menschen nach kleinen Räumen und schnellen Zärtlichkeiten. »Willst du Mädchen? Alle gut, alle gesund.«

Oscar und Fernanda
Brasília

- 👤 2,9 Millionen
- 🌓 4 Tage
- 📍 Brasilien

»Você já tá indo embora? Que pena …« Sofort bleibe ich
auf der Treppe stehen, zwei oder drei Stufen unter der
Galerie, ein Glück, lieber Oscar Niemeyer, dass ich nicht
hinuntergefallen bin, hinunter in den grünen Dschungel.
Also, wenn ich es mir genau überlege, gehe ich natürlich noch nicht nach Hause, warum auch! Der eine heißt
Eris Correia, der andere Leonardo Freitas, beide sind zur
Vernissage gekommen, weil sie große Fans von Fernanda
Montenegro sind. »Komm! Komm zu uns herauf, sonst
fliegst du noch hinunter. Du wärst nicht der Erste! Das
sind die schönsten Anekdoten, die wir uns hier in Brasília erzählen … Wer wieder einmal versucht hat, sich am
Geländer festzuhalten oder anzulehnen, nur um fest-
zustellen, dass da keines ist. Brasília ist ein hartes, ein
ziemlich gefährliches Pflaster! Aber man landet immer
wieder weich.«
Eris und Leonardo sind beste Freunde, und das Teatro
Nacional, dieser wunderbare Bau, der aussieht, als wäre
eine außerirdische Pyramide auf der Erde eingeschlagen,
ist an diesem Abend Schauplatz der vielleicht schönsten
und wichtigsten Ausstellung der brasilianischen Kino-
herzen. Letztes Jahr, 1998, ist *Central do Brasil* in den
Kinos angelaufen, eine Geschichte über die pensionierte
Grundschullehrerin Dora, die sich am Hauptbahnhof
von Rio de Janeiro ein Zubrot als Briefeschreiberin dazu-

verdient, dargestellt von einer verbitterten und von aller Moral befreiten Fernanda Montenegro. Vor wenigen Wochen war sie für den Oscar nominiert. Nun ist ihr eine ganze Ausstellung gewidmet.

»Hast du den Film gesehen? Die ist doch wirklich ein Wahnsinn, não é? Weißt du, Fernanda ist unsere Heldin, sie macht den brasilianischen Film in der Welt sichtbar. Komm, gehen wir noch einmal gemeinsam durch die Ausstellung, dann können wir dir ein bisschen was erzählen.« Und plötzlich verstummen die Stimmen und Sektglasklingeleien, ein Riesenapplaus, Fernanda betritt den Raum. *Solltest du mich eines Tages vermissen, dann schau dir das Foto an, das wir gemeinsam aufgenommen haben,* sagt Dora am Ende des Films. *Ich sage das, weil ich Angst habe, dass auch du mich vergessen könntest. Ich sehne mich nach meinem Vater. Ich habe eine Sehnsucht nach allem.* Nimmt die Brille herunter, wischt sich die Tränen aus dem Gesicht, der Bus verschwindet hinterm Horizont.

Eris und Leonardo hatten Recht, als sie sagten, Brasília sei ein hartes Pflaster. Die Stadt ist riesig, sie wächst immer weiter in die Ferne hinaus, und nicht nur im Plano Piloto, in diesem kompromisslosen Straßenrastervogel, den Oscar Niemeyer und Lúcio Costa 1956 geplant hatten, sind die Distanzen zwischen den einzelnen Häusern, Blocks und Superquadras gigantisch. Auch draußen am Stadtrand, in den Satellitenbezirken Ceilândia, Samambaia, Gama, SIA, SAAN, Guará I (Eris) und Guará II (Leonardo) muss man weit gehen, um seine Ziele zu erreichen. »Brasília ist eine wunderschöne, aber zugleich schmerzhafte Stadt«, sagt Eris. »Brasília ist eine Stadt, die Sehnsucht nach Stadtsein hat, und diese Sehnsucht wird noch lange anhalten.« 25. Minute: *Você vai para um lugar óptimo.* Du gehst an einen wunderbaren Ort.

Der gestürzte Kaiser von Sallamsi
Zell am See

- 👤 9 800
- 🕐 7 Stunden
- 📍 Österreich

A Sauweda is des heit! Den Ronachkopf und, do rechts, den Hahneckkogl, die siachst no. Do driabn, siachst es? Oba den Hundschtoa, den siachst heit nimma, der is irgnwo do hintn hinta den Woikn. Alles grau. Es hat 16, vielleicht 18 Grad. Ein Schnürlregen fällt vom Himmel. Und während die meisten Spaziergänger enttäuscht über den diesigen Zeller See blicken und unentdeckter Dinge wieder kehrtmachen, zurück in die Innenstadt, sitzen die arabischen Touristen auf der Esplanade, die einen mit Regenschirm, die anderen mit durchsichtiger Plastikkapuze, aufgefädelt wie die Länder am Persischen Golf, wie Kuwait, Saudi-Arabien, Bahrain, Katar und die Vereinigten Arabischen Emirate, und genießen den Reiz der nassen Seltenheit.

»Bei uns in Riad hat es jetzt 45 Grad im Schatten«, sagt Fahid, er sitzt mit seiner Frau auf einer Parkbank. »Und hier ist es kalt. Und es regnet. Wir haben fast nie Regen in Saudi-Arabien. Das ist auch der Grund, warum wir hierherkommen. Sallamsi ist für uns wie ein Paradies. Alle reden davon!« Er tauscht sich kurz mit seiner Frau aus, schaut mich wieder an. »Wir haben uns nur kurz unterhalten«, sagt er. »Es ist wunderschön hier. Doch was uns am besten gefällt, das sind die Lederhosen, die Trompetenmusik und der gestürzte Kaiser. Der ist wirklich fantastisch!« Ich muss an Ralf Hoppes

Artikel denken, der vor einigen Jahren im *Spiegel* erschienen ist: *Es ist, als würden zwei Filme gleichzeitig auf-
geführt*, hat er damals geschrieben, *Im weißen Rössl und
Lawrence von Arabien.*

Auf der Seegasse, vor mir die Bahnschranke, rechts
dahinter gleich das Restaurant Ali Baba, gehe ich zurück
in die Innenstadt. In den Straßencafés wird Shisha geraucht und Tee, wahrscheinlich picksüß gezuckerter Tee
getrunken. So mancher Shop, Eissalon und Supermarkt
ist mit arabischen Schriftzeichen geschmückt. Charisma,
Stadtplatz 2, ein hübsch eingerichtetes Souvenirgeschäft
mit Bierkrügen, Gmundner Keramik und Kuckucks-
uhren an der Wand. »Wir sind ein Tourismusort, und
deswegen bemühen wir uns, auf unsere Gäste einzu-
gehen«, sagt Andreas Schernthaner, der charismatische
Geschäftsführer. »Im Sommer begrüßen wir unsere arabischen Gäste auf Arabisch, und im Winter unsere russischen Gäste auf Russisch.«

Rund 70 000 Gäste aus der Golfregion kommen jeden
Sommer nach Zell am See. Und das schon seit über zehn
Jahren, als der lokale Tourismusverband die glorreiche
Idee hatte, das sommerliche Sauwetter dort, wo es das
ganze Jahr über heiß ist, als meteorologisches Paradies
zu bewerben. Der Erfolg hat Spuren hinterlassen. Überall
arabische Werbetafeln und schwungvoll beschriftete Ge-
schäftsschilder an den Fassaden. Ich bestelle *Qahwa*, Kaffee, und versuche, die heutige Ausbeute, Dutzende von
Fotos, im Google-Translator zu dechiffrieren. *Mateam
al-Qaysar*, Restaurant zum Cäsar. *Marhaba'an bikum fi
sallamsi*, herzlich willkommen in Zell am See. *Makulat
earabia*, arabisches Essen. *Sharqiat taweia*, orientalisches
Bewusstsein. *Biyra*, Bier. *Fatirat aljabn*, Käsekuchen.
Mutalahar al-Qaysar, gestürzter Kaiser. *Mar albarquq
kawmbut*, mit Pflaumenkompott.

Ortsverzeichnis

Originalausgabe
© Edition Korrespondenzen, Reto Ziegler, Wien 2018
Alle Rechte vorbehalten

Lektorat: Franz Hammerbacher
Gesetzt aus der Minion Pro
Druck und Bindung: Interpress, Budapest

www.korrespondenzen.at

ISBN 978-3-902951-30-4